世界大地殻変動でどうなる日本経済

瀕死の欧州と米国、
無理心中する中国と韓国

宮崎正弘 Masahiro Miyazaki
渡邉哲也 Tetsuya Watanabe

ビジネス社

はじめに――「貧者の一票」が世界をかえはじめた

これまで、グローバリズムを中心に世界のシステムが構築されてきたが、いま大転換を示しはじめている。

時を遡《さかのぼ》ること東西冷戦時代、世界は西側東側と二つの陣営にわかれ、対立した世界構造をつくっていた。

かたや資本主義・自由主義であり、かたや社会主義・共産主義という二つの政治・経済体制だった。しかし、一九八〇年代に入り、社会主義・共産主義は崩壊に向かい、瓦解していった。その結果、旧西側陣営が勝利したかに見えたが、今度はこれが暴走をしはじめた。暴走する資本主義・自由主義は、自ら瓦解の道を歩もうとしている、というのが大局から見た世界情勢の潮流である。

この資本主義・自由主義と表裏一体の関係にあったのが、グローバリズムである。二つの対立していた体制が崩壊したことにより、アメリカ一極の支配体制が生まれ、そのアメリカを中心とした自由主義――ヒト・モノ・カネの移動を自由にするグローバリズムが、世界をワンワールドへ統一しようという流れを加速させた。そうした時流に乗って活躍していたのがグローバリストであり、グローバル金融であったといえよう。

日本においても一九八〇年代にグローバリストと呼ばれる人たちがテレビ・ラジオ・雑誌等に姿を現しはじめた。竹村健一をはじめさまざまなエコノミストたちが、「グローバル・スタンダード」という言葉を盛んに喧伝《けんでん》したが、これを裏返せばアメリカン・スタンダードにすぎなかったのである。

また、グローバリズムの流れに沿うかたちで、世界はどんどん狭くなっていった。飛行機は高速化し、人の移動は頻繁になり、国境という国境が低くなりはじめた。特に最前線のヨーロッパにおいては、EUができたことにより、事実上国境線が失われたわけである。

だが、それに対する反動がいま起きはじめているのだ。

二〇一四年二月、ロシアのソチオリンピックの直後、クリミア半島におけるウクライナとの国境紛争、中東でのシリア内戦で、ロシアと西側諸国はふたたび対立の道を歩みはじめた。

一方、中国においても、二〇一五年の十月二十七日、南シナ海をめぐり、中国の人工島建設に反対するかたちで、アメリカは「航行の自由」作戦という軍事オペレーションを開始した。ウクライナ、シリア、南シナ海と東西冷戦がふたたびはじまったといってよいだろう。軍事的に衝突をしていないだけであり、軍事的な対立がそこに存在するのだから。

こうした国際情勢の大きな変化のなかで、グローバリスト・グローバリズムも、一転して否定される方向に動きはじめているのである。

十月五日に、イギリスのメイ首相はアンチグローバリズムの方針を強く打ちだす声明を行った。これまで一部の大資本家や大銀行家だけが利益をえる政治から、国民によりそう政治に政治方針を大きくかえようとしたわけである。ある意味グローバリズムを主導したイギリスという国が方針転換を行ったことは、それこそグローバリズムの終焉《しゅうえん》といってもよい象徴的トピックだろう。

また、二〇一六年四月に発覚したパナマ文書により、グローバリズムを主導してきた大手の投資銀行や銀行、一部の投資家たちの不正が暴露された。グローバリズムという仕組みが、一握りの人たちだけにしか、恩恵を与えない搾取構造であったことが明らかにされたわけだ。グローバリストとよばれる人たちの多くはフリーライダー＝タダノリ屋にすぎず、各国に税金を払わず、恩恵だけを受けている。これに対して、世界は怒り、「貧者の一票」が世界の政治を動かしはじめている。

二〇一六年の一月に行われた台湾の総統選挙の結果も、その象徴といえるであろう。大陸に向けて中国と一本化し、中国向けビジネスをしている人たちが支援した国民党、それに対して民族や台湾独立をうたう人たちが支持した民進党という構図だった。そして、イギリスでは国民がブレグジット（英国脱退）を決断した。

また、アメリカの大統領予備選挙においてもトランプやバーニー・サンダースという「アメリカ・ファースト」を唱える「ナショナリスト」が台頭し、アメリカはもちろんのこと、世界の選挙にも大きな影響を与えるであろう。フランスではルペン率いる国民戦線、ドイツにおいてもグローバリストの象徴ともいえるメルケルへの批判が強まっている。このようなかたちで貧者の一票がグローバリズムに一撃を与え、ガラガラと崩壊しようとする、その真っただなかにわれわれはいるのである。

この本のなかでは、各章において世界各国で起きている現象を冷静に客観的に、判断しながら宮崎先生と私との間で討論したものである。ご一読いただき、皆様の参考になれば幸いである。

二〇一六年十一月

渡邉哲也

世界大地殻変動でどうなる日本経済　もくじ

第二章　米国経済の病理と利上げショック

第三章　トルコ政変で世界はゲームチェンジ

第四章　世界から嫌われ権力闘争激変で戦争に向かう習近平

第五章　経済大崩壊で無理心中する中国と韓国

第一章　ブレグジットで英国よりも瀕死の欧州

激動二〇一六年のポイントはブレグジットとパナマ文書

宮崎　二〇一六年の総括からはじめましょう。十一月八日に新しいアメリカ大統領が誕生し、アジアでは「フィリピンのトランプ」と呼ばれるドゥテルテ大統領が、オバマ大統領に「売春婦の息子」と暴言をはいたあげく中国には媚《こび》を売る。イギリスはさっさとEUから離脱し、中国は南シナ海を不法占拠して、国際法違反であるという判決がでたにもかかわらず居座り、しかも国際社会はひとまずそれを容認しているかのようなのも奇怪です。北の核もいよいよ本格化しそう。目の前の核の脅威に日本人は鈍感ですねえ。

渡邉さんは、二〇一六年を振り返って何が一番大きな出来事でしたか？

渡邉　やはり英国のEU離脱というのが、ヨーロッパ崩壊を示唆する一つの大きな流れなのだと思います。アメリカの大統領予備選挙では、自由の国アメリカで、「社会主義者」を名乗るバーニー・サンダースが奮闘し、トランプのような左派論者が実際に共和党で勝ってしまったということで、これはグローバリズムの崩壊を示す。あとはパナマ文書ですよね。パナマ文書も、世界を股《また》にかけたグローバル企業に対するバッシングの強まりを示唆したわけです。

宮崎　どれも共通するのは反グローバリズムですね。パナマ文書に関する本をまっさきにお書きになったのは渡邉さんで（『パナマ文書』徳間書店）、しかも、結構売れたでしょう（笑）。ということは日本国民もタックスヘイブン（租税回避地）を遠い世界の話じゃなくて、ずいぶん興味を持つようになったわけだ。

渡邉　二〇一一年あたりからイギリスでは、税金を払わない企業に対するデモが盛んになりました。スターバックスやアップルというグローバル企業が、税金を払っていないという実態が世界的に認知されはじめていたにもかかわらず、日本国内ではこれまでほとんど報道もされなかった。

それがパナマ文書により、身近な問題として理解されはじめたというのが、大きなポイントになるんだと思います。観点をかえると、グローバル企業を叩《たた》くことが政治家にとっては票になることがわかり、政治利用されはじめているともいえます。

グローバル企業取り締まりの影響は早くも東南アジアへ

宮崎　その影響は早くもタイにまででています。タイ最高裁は今夏、歳入局が日本企業のミネベアに対して約五億バーツ（約一五億円）の追加の法人税の納税を求める判決を下しました（『日経新聞』八月三十日）。問題となっているのは、法人税優遇を認める制度を利用する際に、企業が損益を計算する方法をめぐりタイ投資委員会（ＢＯＩ）と財務省歳入局との見解の食い違いによるもののようですが、同様のケースで、五〇社以上が追加で税金を払う見通しらしい。日本の企業会計がアメリカの「命令」によって時価評価に変更されたことも、要因でしょうけれど。

十月十三日にプミポン国王が亡くなりました。タイには四五〇〇社超の日系企業が進出し、在住日本人だけでも五万人、スクンビット地区は新宿の居酒屋密集地帯とかわりばえがしない。ですから今後、国王の権威が薄《うす》まるなかで、大きな問題になるでしょう。

渡邉　日本企業の多くはアジアのコントロール拠点としてシンガポールに財務本部をおいて、シンガポールに税金が集中するような構図をつくっています。シンガポールは法人税率が一七％と安いからです。

シンガポールを地域統括拠点にすることにより、安い税率で税金を払ってごまかしてきたような側面があるわけですよね。それに対して、それぞれの活動拠点で税金を払えという大きな流れが世界中に起きはじめたわけです。
日本企業の租税回避などアップルやIBMに比べればまだまだ大したことはないのですが、これまでのような節税対策は簡単にできなくなったことは間違いありません。と同時に、グローバルサプライチェーンという世界を股にかけた商品供給、原料の段階から、製品・サービスまで組み立てるという構図も、変更せざるをえなくなるでしょう。

アメリカにもあるタックスヘイブン

宮崎　脱線していえば、パナマ文書でなんの影響もなかった国が一つある、アメリカです。なぜなら、アメリカのなかにタックスヘイブンがあるからです。

渡邉　ネバダ州ですね。

宮崎　ワイオミング州、ユタ州、それからデラウェア州。パナマ文書はCIAの陰謀、その証拠にアメリカのリストがないという批判もありましたが（もっとも強く反論したのはロシアのプーチン大統領でしたが……。）、そうではなく、自国にタックスヘイブンがあるからパナマを利用するまでもなかった。

渡邉　アメリカの租税システムというのは日本と違い「居住地主義」ではなく、「属人主義」なのです。税金には居住地主義（属地主義）といって「住んでいるところに税金を払いなさい」という日本型の課税方法と、「アメリカ国籍を持っている限り、どこにいてもアメリカに一定の税金を払わなくてはいけない」というアメリカ型の属人主義にわかれます。アメリカ人にとって居住地は関係ない。ただし、ほとんどの国の場合、住所地に納税を行っていれば自国への納税の義務はなくても申告の義務はあります。

だから二〇一四年の七月一日からはじまったFATCA（外国口座税務コンプライアンス法）という法律があるわけですが、これによりアメリカ人が行っている世界中の銀行取引データを、アメリカ財務当局に各国の銀行が通知しなくてはならなくなった。逆にいうと、国外のパナマのようなタックスヘイブンを使っていたら、米内国歳入庁（IRS：日本の国税庁に当たる）から要監視対象にされてしまいます。国内にあるのにわざわざ海外を使う意味がないわけですから。

宮崎　デラウェア州の場合は、企業設立も手軽にできて、本社登記するアメリカの企業は山のようにあるわけだけど、その最大の理由は節税よりも、M&Aの選択肢が狭く規制が強いことです。敵対的買収をかけにくい。デラウェア州の会社法は、グローバル企業にとってメリットが非常に多い。

渡邉　それから、雇用に関して係争地点をデラウェア州にしている企業が多いのは、従業員のクビを簡単に切れる、企業にとって都合がいい法律が整備されているからです。したがって、外資系企業も本社採用の場合、契約書で訴訟上の係争地をネバダ州だとかデラウエア州にしている場合が多い。逆にいうとクビ切りのために企業にとって都合がいい州の法律を利用している。

ただし、日本もこれに関しては去年（一五年）、東京地裁が「それは日本で雇用しているわけだから日本の法律をもちいなさい。係争地を海外にするのはまかりならん」とやっと動きだしました。

アマゾンの税逃れも規制

渡邉　また、アマゾンなどいわゆる「ＰＥ（恒久的施設）がない会社」に対しても、規制が入るようになりました。アマゾンはクレジット決済センターがアイルランドのダブリンにあり、アマゾンジャパンは補助業務を行っているだけで、恒久的施設がないことを理由に、これまでは日本に法人税を納めてなかったのです。

これもパナマ文書をはじめとした国際的な課税強化の流れのなかで、グローバル企業もかわらざるをえなくなっているという状況ですね。

宮崎　アマゾンは日本にまったく税金を納めてなかった？

渡邉　消費税も、商品の配送先が日本国内である場合には課税対象となっていましたが、電子書籍など電子データ販売については、サーバーがアメリカのシアトルにあるということで、これまでは課税対象となっていませんでした。ただ一五年の十月に国税庁によりインターネット上のデータ取引であっても、課税対象となりました。課税対象の判定基準がサービスの提供を行う事業者の所在地から購入者の所在地に改正されたからです。

「日本人を相手に商売をしている以上、税金を払いなさい」ということです。

また、アメリカは企業だけでなく、アメリカ人への徴税も強化しております。したがって、アメリカ人のなかで大量の国籍離脱者が生まれている。

これをうけてアメリカでは国籍離脱者に対し、離脱後十年間は納税の義務を課すことを決めました。また、一定額以上の資産を保有していると、国籍離脱時にすべての財産を売却したとみなされキャピタルゲイン課税がかかります。

アメリカ国籍（市民権）をとるために遠征出産した中国人や韓国人はたくさんいますが、彼らは今後追い込まれていくことになるでしょう。

ブレグジットで崩壊するのはEU

宮崎　ブレグジット（英国脱退）の話に戻ると、要するに今後の展開として、たとえばエマニュエル・トッドはいずれ崩壊すると予言するわけだ。英国人のなかにも人気作家のブライアン・フリーマントルは十年以内にEUは分裂に至ると、明確に予測しています（『週刊新潮』「EUは10年以内に内部崩壊する」、一六年九月一日号）。EU離脱の国民投票から一月後にでたIMFレポートによると、ブレグジットから二年後にイギリスの経済成長は、ドイツやフランスを上回るだろうと。同レポートのポイントは、第一に国民投票の一カ月前にでたレポートが残留派に有利なように偏っていたこと、第二にユーロが考えられていたよりも安定した通貨ではないことを、認めている点にあります。つまりイギリスのEUに対する優位性を説いているのです。

げんに十月七日、英ポンドはとうとう三十一年ぶりの最安値を記録した。対米ドルの為替レートは一・二三六四ポンドから一・一八四一ポンドへ。日本円に直すと、一ポンド＝一二七円から、一二二円に（一年前は一八〇円だったから、いかに英国通貨が安いか。ロンドンに行くならいまだ）。

為替相場が荒れた直接の原因はオランド仏大統領とメルケル独首相の「いいとこどりはさせない」とする英国批判発言でした。ところが、顔面蒼白《そうはく》となっておろおろするはずの英国のマーク・ガーニエ貿易次官は「ポンドはふさわしいレートで落ち着くだろうし、いまのレートは、適切なレートの範囲にあるといえる。そもそも英国ポンドはこれまでが『高すぎた』のだから」と発言しているのです。そして「歓迎すべからざる事態ではない」と楽天的でしたね。この発言は、英国ポンドが、従来の国際貿易でなしてきた通貨覇権国の地位を自ら降りると宣言しているようなもので、英国政界の空気をそれとなく反映していると思われます。これは香港での記者会見で語ったもので、ついでに「香港ならびに中国にとって対英国投資は絶好のチャンスだ」と付け加えています。香港紙『サウスチャイナ・モーニングポスト』（十月八日）は、一面トップで報じました。

一方、ジョージ・ソロスのようにポンドは対ドルで二〇％急落し、「暗黒の金曜日」になると予測していた。渡邉さんが特に注目するポイントはなんでしょうか？

渡邉　私は前者の意見に近い、というよりはイギリスは与えられた結果のなかで、少しでも英国が有利になるように着実に布石を打ってきているな、という印象です。

具体的にいうと、ブレグジットは申請後二年で自動整理することになっている。イギリスがこの申請をいつするのか、というタイミングが、まずポイントになるわけですね。日経新聞（一六年十月三日）によると、メイ首相は「二〇一七年三月末までに欧州連合（ＥＵ）に離脱を正式に通告する」と述べたようです。

イギリスはしたたかなもので、「ミニトランプ」と称された前ロンドン市長のボリス・ジョンソンが首相候補として、大混乱するかと思いきや、あっさり引っ込み、サッチャー以来の女性首相が離脱に向けてのプロセスを進めている。しかも、ＥＵ政府を手玉に取るかたちで、ＥＵ各国と個別に交渉を着々と進めています。つまり、二七カ国と戦うのではなく、一カ国ずつ相手にとっても都合のいい条件をだしながら、自国の利益にもなる方向に持っていこうとしていて、ＥＵ側は、特にドイツが分裂を恐れているわけです。

ですから「イギリスのわがままを許して、いいとこどりは許さない」とメルケル首相もヴォルフガング・ショイブレ財務大臣も非常に警戒している。

今後の、政治スケジュールを見れば、来年ドイツと、それからフランスでも選挙があり、ドイツに関してはメルケル首相の支持率が急落して、おそらく四選はないと見ていいでしょう。フランスにしてもサルコジがふたたび登場し、国民戦線等の右派勢力が台頭する状況のなかで、混沌《こんとん》としてどうなるかわからない。こうした政治的混乱に乗じるのは、むしろイギリスは得意ですし、歴史的にもそうやって生き残ってきた国です。二枚舌三枚舌外交をＥＵ各国に対して展開しているというのが、イギリスの現状だと思うのですね。

宮崎　ドイツ在住の作家・川口マーン恵美さんの報告によると、メルケルは移民推進政策の誤りを認めたらしい。つまり、与党ドイツキリスト教民主同盟（ＣＤＵ）には選挙に強い政治家はメルケルしかいないから、選挙対策ではないかと。

個別交渉で有位にたつイギリス

宮崎　イギリスのやり方はＡＳＥＡＮ（東南アジア諸国連合）に対する中国と手法が同じです。ＡＳＥＡＮ会議で中国は南シナ海に関してはテーブルに乗せず、加盟国を一つひとつ、つぶしていく。つまり、各個撃破です。

渡邉　ＥＵの自由貿易協定を維持したまま、また銀行協定も維持したまま、ＥＵから離脱して主権を取り戻し、難民はいれないのが、イギリスの究極的な目標なのでしょう。

宮崎　いま難民の話がでてきましたけれども、イギリスでは、一五年だけでも三三万人の移民を受け入れました。なにゆえか、一番ポーランドからが多い。なにか理由があるのですか？

渡邉　移民の数はポーランドがＥＵに加盟してから急激に増えました。貧しい東欧圏から豊かなイギリスやフランス、ドイツなどに出稼ぎ労働者が増えたからです。イギリスはシェンゲン協定（ヨーロッパ諸国間で出入国審査なしに自由に国境を越えることを認める協定）には加盟していないのですが、同じＥＵ圏内ということで一部労働や居住を認めており、その結果大量の人が流れ込んだわけです。

宮崎　イギリスにやってきたポーランド人たちは、レストランのウエイターやウエイトレス、オンライン通販の宅配業者、路上での果物販売、建設現場など低賃金の労働に従事している。そうするとアメリカと同じで仕事を奪われたプア・ホワイトがむくれる。

渡邉　その結果がプア・ホワイトの乱であり、EU離脱でしょう。逆にいうと、もしEUにそのままイギリスが止まろうとした場合、難民に対する手厚い保護をせざるをえない状況だったわけです。

今年の二月にイギリスに特別な地位を与えるというEUとの合意によって、生活保護等に関してはEUの規定に沿わなくていいという条件を、すでに獲得していたわけです。それでも離脱を選んだ。だから特別な協定、特別な地位を維持したまま、さらに離脱することによってリスクの切り離しを図った。

シェンゲン協定はすでに無効状態

宮崎　イギリスをはじめとしてEUには加盟していてもシェンゲン協定に入っていない国が結構ある。

渡邉　ルーマニア、ブルガリア、アイルランド、キプロス、クロアチアですね。EU加盟国二二カ国とEU非加盟国では、ノルウェー、スイス、アイスランド、リヒテンシュタインの四国がシェンゲン協定に加わっています。

宮崎　ハンガリーはセルビアとの国境に鉄条網をひいています。あれは完全にシェンゲン協定違反。それに対する批判が弱いというのも、これはまたなにゆえ？

渡邉　フランスもテロ事件が起きたあと国境封鎖しました。オーストリアもそうです。EU域内でもシェンゲン協定はすでに崩壊している。

宮崎　マケドニアも、ギリシャもハンガリーもそう。国境封鎖していないのは難民も行かない貧しい国ばかり。だからポーランドは、移民をだしてはいてもポーランドに行く移民はいないでしょう。

労働移民、経済難民に関して思い起こすのは毛沢東の「農村から都市へ」戦略です。当初は中国共産党の武装ゲリラ作戦だったのに、都市集中がもたらす国土の荒廃、農地の砂漠化と地方の過疎化が起きた。

EU統合の眼目はヒト、カネ、モノが自由に動き回るという国境なき世界、EU加盟国の大半が加盟したシェンゲン協定は移動の自由を掲げたわけですが、非加盟国にも影響を与えています。たとえばアルメニアは人口が三〇〇万人、じつは二五〇万に減った。出稼ぎに外国へでたからだ。ジョージアも同様で四五〇万国民のうち、四〇万人が去った。この両国の出稼ぎ先は旧宗主国ロシア、お隣のトルコ、ギリシャなどですね。バルカン半島の付け根にあるギリシャは度重なるユーロ危機によって、ATMからユーロを引きだそうにも一日六〇ユーロに制限された。ジョージアやアルメニアへの仕送りが途絶えた。マケドニアからの出稼ぎも周辺諸国に散った。アルバニアは六〇〇万人のうち、四五万人ほどが英国やドイツへ、コソボはせっかく独立したのに、農家は空屋だらけ、どっと英国やフランス、ドイツへ出稼ぎにでた。

ポーランドからは、じつに一〇〇万人が英国へ渡りました。ルーマニアからも、ブルガリアからも。つまり、農村から都市へ、田舎から都会へ、農業から産業地区へ、EUのなかで、大移動が起きたのです。

冷戦終結直後、ニューヨークのタクシーに乗ると、「先週ユーゴからきた。道がわからないので教えてくれ」というドライバーが多かった。その前までは韓国人のタクシー運転手が目立ったものでしたから、驚きでした。

このパターンは工業化を急いだおりの日本でもあった。農村の過疎化は、都市部への集中、産業のある企業城下町はたちまち人口が増えた。農村は荒廃し、村々は過疎化に襲われる。

中国で起きたことはその巨大版だったのですね。農村から近隣の村々へ、出稼ぎへでた。近郊のマンションが建ちはじめ、そのうち地方都市にも建築ブームが興り、建設現場に人手が不足した。賃金、現金収入に引かれて、農家の若者がどっと都市部へ出稼ぎにでた。

地方都市は交通のアクセスが悪く、輸出産業は沿岸部に集中する。若い女工、三K現場の人手不足を補うために、人集め業者が田舎の奥深くへ入ってリクルート。

こうして地方農村から近郊へ、近郊の農村からは地方都市へ。地方都市からは給与の高い沿岸部へと、カネを求めて人々は移動し続けたわけですね。

渡邉　ただ貧しい国から豊かな国に行くのは、難民といっているけれども実際は単なる移民です。トルコに対しても六〇億ユーロ（七〇〇〇億円）を払って、「トルコ人に対してEUへのノービザ渡航を認める」という条件と引き換えに、難民を引き取ってもらう約束（「EU・トルコ声明」）を今年の三月に合意していましたが、当のトルコでテロやクーデターが起きてしまった。

宮崎　お金はじっさいに支払ったの？

渡邉　二〇一六年度中に三〇億ユーロ、一七年度中に残りの三〇億ユーロを段階的に支払う予定になっています。最終的にはトルコをEUに加盟させてあげるというのが大きな餌《えさ》でしたが、トルコクーデターを機に、死刑制度を復活させようとしているエルドアン政権に対し、加盟を認めないとEU側は批判を強めています。このまま暗礁に乗り上げてしまう可能性が高い。

ドイツ分裂の可能性も否定はできない

渡邉　また、ドイツも南部の二州、バイエルン州とバーデン＝ヴュルテンベルク州が難民の入り口になっていました。オーストリアのザルツブルクからミュンヘンへ入る難民の道があったわけですが、この南部二州は非常に保守的な土地柄で、いまとなっては古いドイツが残っている唯一の地方です。この二州がテロや難民問題で完全に沸き立っていて、反メルケルの声が高まっている。そもそも、ドイツという国自体が第二次世界大戦に負けて東西ドイツに分裂し、ベルリンも東西にわかれた。

その影響もあって、ベルリンは東からの影響も色濃く、もともとタイやベトナム、北朝鮮など共産圏と親しい国から大量の難民が入っていた歴史があり、このあたりはもうドイツらしさというのがなくなってしまっているわけです。フランクフルトはグローバル都市で、ここもまたドイツらしさがない。唯一残っていたドイツらしい南部二州が完全に怒ってしまっているのがいまの状況です。ドイツも一つの国ではなくて連邦なのです。

宮崎　スペインと同じで分離運動が起きるんじゃない。小さな可能性だけれども考えられないことはない。

渡邉　バイエルンはバーバリアンと自らいって、ドイツ人なんて決していわない。日本人かと聞かれて会津人だと答えるようなものです（笑）。

宮崎　保守的な割に『南ドイツ新聞』はおかしな新聞だけれども。なにしろ日本報道は反日一色。あのメディア、どうかしています。

渡邉　南ドイツ新聞がパナマ文書のリークのもとになった新聞社でしたね。フランスだって独立運動があるでしょう。フランスのバスク地方はスペインとフランスにまたがっていますから。

宮崎　スペインのカタルーニャに行って驚いたのはバルセロナと全然言葉が違って、スペイン語じゃないことです。われわれが知っているスペイン語というのはマドリードの言葉であってスペインには他に三つ言葉がある。だから「え？」。中国やアジア、旧ソ連、東欧などはカバーしているけどスペインのことを調べたことがなかった。行くまでそんな知識はなかったから。

おそらくフランスだってノルマンディーなんか言葉が違うんじゃないかな。

ドイツ銀行破綻の衝撃

宮崎　ドイツ経済はブレグジットの前からフォルクスワーゲンが排ガス規制のデータ問題で経営がおかしくなり、三大銀行と呼ばれていたドレスナー銀行がコメルツ銀行に買収（二〇〇八年）され、二大銀行となると、今度はトップだったドイツ銀行が破綻《はたん》の危機に瀕《ひん》している。

渡邉　ドイツ銀行自体、アメリカでリーマンショックが起きる前のサブプライム問題で、いわゆる質への逃避が起こり、アメリカに余っていたホットマネーがほとんど中国、中東、それからヨーロッパに入っていた。ですから異常なユーロ高になっていた。

逆にいうとユーロ高を利用して新興国投資としてアメリカが売った債権を、ドイツ銀行がどんどん買い取っていったわけです。その債権の典型が中国です。アメリカはいわゆる現金化のために資産を売らなければならない。それを誰かが買わなくちゃいけない、ということで受け口になった主体がドイツ銀行だった、ともいえるわけです。

また、イギリス系の銀行も、アメリカとほぼ同時にサブプライムによりバブルがはじけているので、米銀同様売る側だった。やはりそれを買ったのがヨーロッパ勢で、その最たるものがドイツ銀行だった。このドイツ銀行が持っているポジションやレバレッジ（信用をもとに自己資金を大きく上回る規模の取引を行って大きな収益を狙《ねら》う、ハイリスク・ハイリターン型の取引）は世界最大で、リーマン以上の規模になっています。ＩＭＦのレポートにもでているように、金融危機で世界各国の銀行にもっとも大きな影響を与える銀行といわれているのが、ドイツ銀行になるわけです。つぶすにつぶせない状況なのですが内実は非常に悪い。

宮崎　なるほど。ドイツ経済も裏にまわると相当悪いね。

渡邉　二〇〇八年リーマンショックのときに、やはりおかしくなった。そもそも論としてサブプライム関連債権をつくった首謀者はドイツ銀行です。そこにゴールドマン・サックスやベアー・スターンズのような投資銀行が乗っかったかたちになっているんですよ。それまでは調子良かったのですが、リーマンショックによって一気にデレバレッジ（レバレッジ取引を解消すること）が起きて、ヨーロッパの金融機関にも金融家にもリスクが波及した。このときにヨーロッパがとった苦肉の策が、時価評価の放棄だったわけです。

二〇〇八年十月に時価評価を放棄し、いま持っている資産を満期目的と投資目的に再分類して、満期目的にしたものをすべて取得原価ベースで評価できるようにしてしまったため、含み損がどれくらいあるかわからない。したがって、ヨーロッパの銀行は健全性が保たれているように見えて、時価評価したなら、どうなるかすでにわからない。けれども、これをつつくと大変なことになるのでみんな見て見ぬふりをしている、という状況です。

宮崎　日本はバブル崩壊後に米国会計基準を迫られ、時価評価にかえたとたんにガタガタになっちゃった。日本は悲しいかな、アメリカの法律植民地でもあるわけで、ＧＨＱの占領政策の新しいバージョンが続いている。

渡邉　日本は健気にルールを受け入れ守ろうとしますが、ヨーロッパは自分たちの都合が悪くなるとルールをいつもかえてしまう。

宮崎　日本の場合は株式持ち合い制度があって、系列間の取引関係があった。その安定株主制度を非関税障壁だといって、アメリカが圧力をかけ、ぶち壊した。ドイツにはそれがないでしょう。

渡邉　持ち合い制度はありませんが、ただアメリカと違うのはヨーロッパの銀行は基本的に預金者の預金を貸し出す間接融資が多い。アメリカのように証券化する直接融資ではなく、昔の日本みたいに銀行が直接貸し出していることが多い。それからヨーロッパのもう一つのリスクというのは、前回の世界恐慌の後、アメリカや日本は「銀証分離」――銀行と証券会社を分離した。

宮崎　いわゆるグラス・スティーガル法ですね。

渡邉　それに対してヨーロッパは銀証分離をしていないので、日本ではドイツ銀行とドイツ証券とにわかれていますが、本来ドイツ銀行グループというのは証券会社、保険会社まで含めたトータル企業です。

したがって、金融危機が連鎖しやすい構造なので、特に危険なわけです。ドイツ銀行のみならずヨーロッパの金融はおしなべてそうです。

ドイツ銀行の空売りで儲けたソロス

宮崎　ソロスはドイツ銀行の空売りをやったということがまことしやかにいわれているけれども、実際にやってるの?

渡邉　ソロス氏のスポークスマンによると、ドイツ銀行株は約七〇〇万株(約一〇〇億円)を売っていたようです(『日経新聞』六月二九日)。

十月十三日には一二・〇七ユーロと、二〇一五年末の二二・五二ユーロから半値近くになり、一四年初につけた高値から比べれば七割近く急落しています。時価総額も一七十億ユーロ(一・九兆円)しかありません。

ドイツ銀行の株価は一月の初頭から暴落しましたが、それにともなうかのように急激に円高が起きました。一五年の中国バブル崩壊でも円高にはならなかったのに。つまり、中国経済よりも、ドイツ銀行の金融危機のリスクのほうが大きいわけです。逆にいうと、人民元は現状においてはハードカレンシー(国際通貨)ではないので、国際的な為替相場にはそれほど影響を与えない。ところが、ユーロの影響は大きいので、国際的な金融マーケットの不安定化によるデレバレッジ、円への資金戻しが円高の原因だったといわれています。

宮崎　人民元は対円だと一五年七月に二〇円だったのが、いま(一六年十月)は一五円台で、

ドイツ銀行株価（週足）

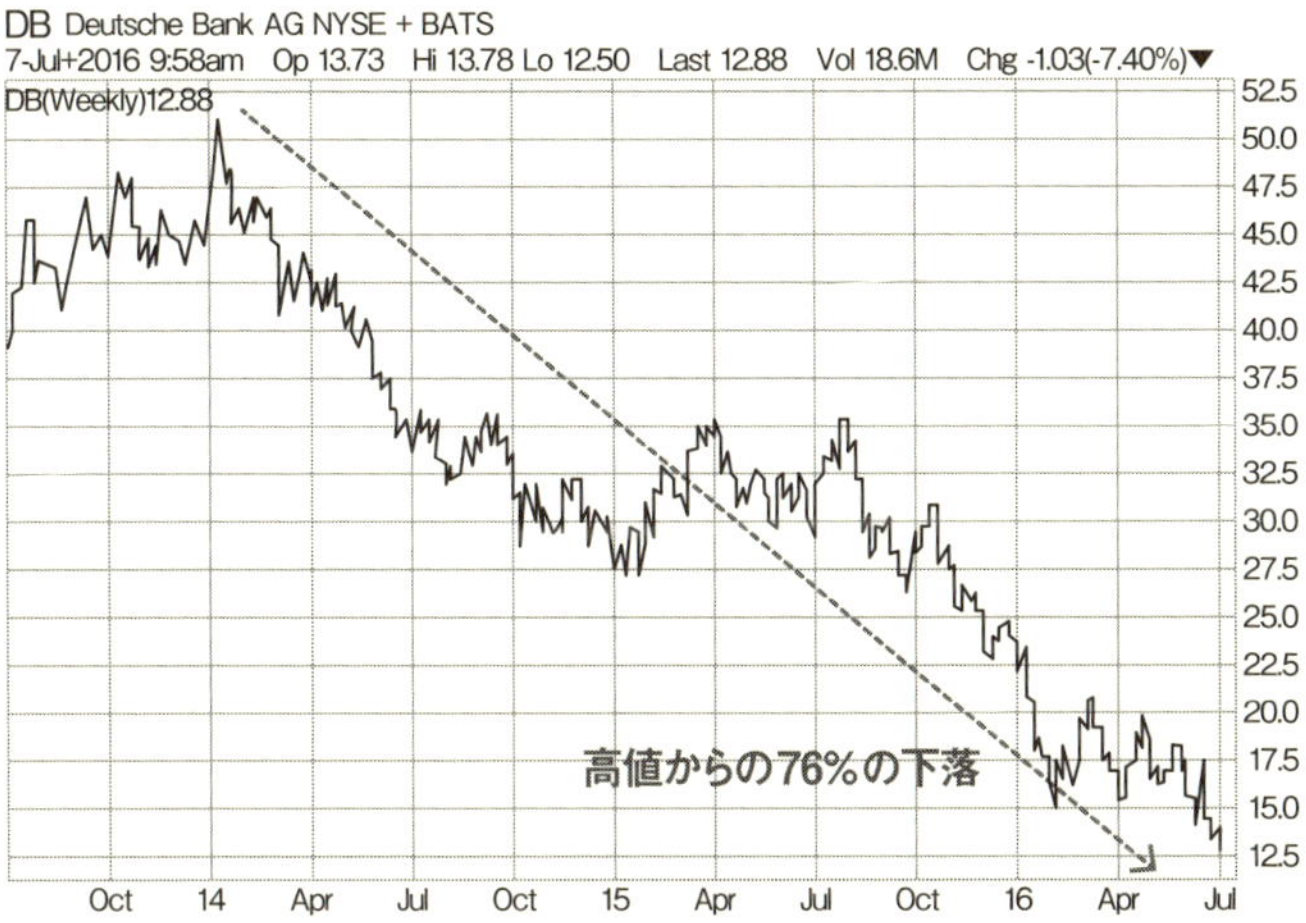

出所：Stockcharts

約二五％下落しました。SDR入りしたのに、これからも下落し続けるでしょう。

渡邉　元安もドル円にはそれほど影響が出ないのです。ハードカレンシーではないから。

投資家のリスクが大きい CoCo債のからくり

宮崎　ドイツ銀行の問題で特に深刻なのはC《コ》oC《コ》o債（偶発転換社債）です。いってみればインチキでしょう、あれをせんじ詰めて総括しますと。

渡邉　ヨーロッパの経済が復活すれば問題はなかったのですが、EU自身が舵《かじ》取《と》りできず、大した量的緩和もせずに金融危機から抜け出せないまま、タイムリミットがどんどん迫ってきたわけです。債券というのはいくら時価で持っていたとしても、取引先が破綻したら実損評価をせざるをえなく、償還期とともに赤字がではじめるわけです。償還期は五年とか十年とか順番に訪れ、実損の評価がではじめたのが、一五年だったわけです。前述したように二〇〇八年、時価評価を放棄していますからね。

結局ＡＴ１債とも呼ばれるＣｏＣｏ債はなにかというと、世界的な金融危機の反省から自己資本規制を強化する流れのなかで、ヨーロッパの金融危機による自己資本不足を補うためのものだったのです。

ここで読者のために自己資本について簡単に説明すると、銀行は他者からお金を集めて（預金）、それを貸し出す（運用する）ことを生業《なりわい》にしています。しかも信用創造によってじっさいの預金額より多くの金額を貸し付けているため、運用に失敗した場合、それをどうやって補塡《ほてん》するかが問題になります。

こうしたリスクを解消するための手段が自己資本です。損失が自己資本の範囲内であれば預金者の資金を守ることができる。そのリスク資産に対する自己資本の比率を「自己資本比率」といい、たとえば総額一〇〇〇億円のリスク資産を持つ銀行があるとして、この銀行の自己資本が一〇〇億円ならば、自己資本比率は一〇％になる。つまり一〇〇億円までの損失には耐えられるというわけです。

したがって自己資本比率は大きければ大きいほどリスクヘッジとなり、その自己資本比率を高めようというのが、バーゼルをはじめとする銀行の自己資本の厳格化です。ちなみに日本では、国際取引を行う銀行の自己資本比率は八%以上、国内取引のみの場合は四%以上とされています。

宮崎　八%にしたって時価会計にしたとたんにおかしくなって、日本の銀行の多くが再編を余儀なくされました。

渡邉　資本不足を補う方法は通常二種類で、増資をして資本金を増やすか、それともデレバレッジでリスク資産（貸し付け）を減らすかのどちらかです。

しかしながら、増資をすると株式の希薄化が起き、株価が下がる。かといってデレバレッジをすれば景気全般が悪くなるので、日本のような銀行の貸しはがしによる倒産が起き、不良債権が増えてしまう。

その両方を防ぐために都合がいいのがＣｏＣｏ債で、銀行が発行している転換債券ですが、銀行が危機に陥ると元本の一部、または全部が削減される、あるいは強制的に株式に転換される（トリガー条項）という金融マジックが含まれている。当然投資家のリスクが大きい。その分だけ、通常債券がたとえば二%だとしたら、プレミアムが乗っかって四%まで金利をもらえるので、銀行のリスクが高まらない限り投資家にとってもおいしい債券として、売買されていたわけですが、ドイツ銀行は一五年に約六八億ユーロ（九〇〇〇億円）の巨額赤字を計上したため、にわかにそのリスクが注目されはじめました。

リーマン以上のドイツ銀行ショックが与える日本への影響

宮崎 ＣｏＣｏ債というのは規模でいうとどれくらいあるんですか？　リーマンショック、あのときの金融商品の規模ではないですよね？

渡邉 ドイツ銀行だけで、四六億ユーロ（五八〇〇億円）、ヨーロッパ全体で一〇二〇億ドル（一一兆三七百億円）。ただしこれは資本金なので、自己資本比率で見た場合に借金と資本金が入れ替わるので、資本金の一〇倍かかりますよね。一割が資本だとすれば一割余分に生かせるわけだから一〇倍。影響力としては一一〇兆円規模あります。

宮崎 ドイツは自己資本率が八％じゃないの？

渡邉 基本的には八％ですけれども、国際金融システム上重要な地位を持つ銀行というのは一〇％、二％のプレミアムが乗っかっています。細かくいうとコアＴｉｅｒ１（狭義の中核的自己資本）比率といってバーゼルⅢ（二〇一〇年九月、バーゼル銀行監督委員会が決めた銀行の健全性を守る自己資本ルール）により新たに導入された指標にＣｏＣｏ債は組み込めるので、すごくおいしい商品だったわけですよ。

金融システムへの潜在的なリスクが大きい銀行

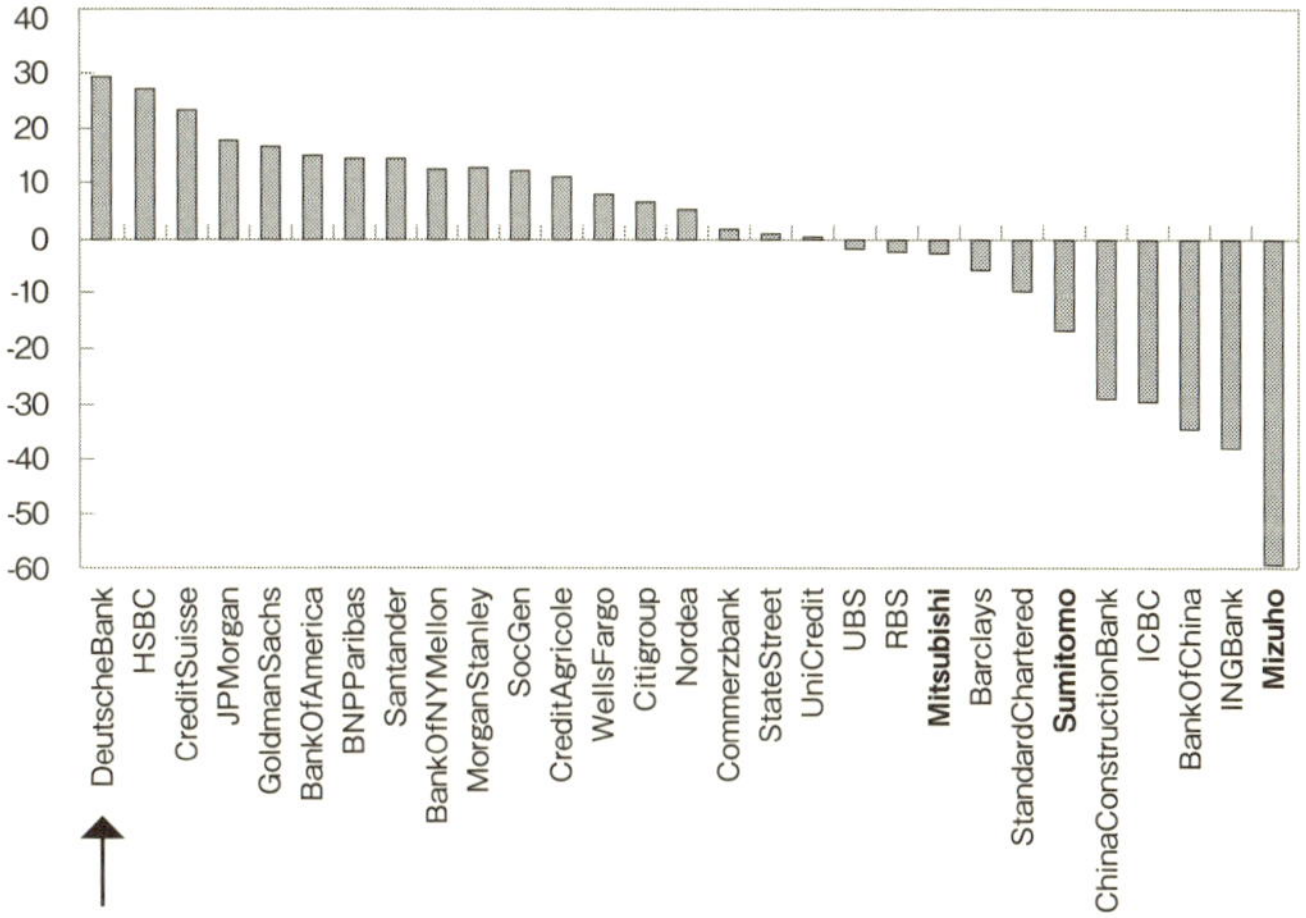

出所：IMFレポート

結局それは投資した側にリスクが被されるのですが、銀行債なので各銀行が相互持ち合いをしていたため、連鎖構造になっていた。

宮崎　ということは、ドイツ銀行のみならず、世界の銀行に悪影響が及ぶ。ひょっとして日本の銀行も買ってるんじゃないですか？

渡邉　日本の銀行も買ってますが、ＩＭＦレポートによると、金融システムの潜在的なリスクはドイツ銀行に比べれば三大銀行はずっと健全です。

宮崎　ブレグジットで銀行株が下がった理由だ。

渡邉　野村證券が上がらなかったのもそれが原因です。

イタリア発金融連鎖崩壊の可能性

宮崎　ドイツの銀行の非健全化が明らかとなってしまいましたが、次はイタリアでしょう。イタリアのヨーロッパで一番古い銀行モンテ・デイ・パスキ・ディ・シエナ（モンテ・パスキ）は七月二十九日に再建計画を発表しましたが、柱である大規模な増資と不良債権売却の先行きは非常に厳しい状況です。モンテ・パスキだけの問題ではなく、イタリアや欧州全域に金融システム不安が波及する恐れがある。

イタリアの銀行が抱える不良債権額は三六〇〇億ユーロと、ユーロ圏全体の三分の一を超えています。

渡邉　「ベイルイン」条項が問題です。ヨーロッパでは、銀行の資本が毀損《きそん》した場合、国家が税金をつぎこんで救う「ベイルアウト」ではなく、銀行の破綻リスクと損失を投資家に負わせるベイルインの導入を今年の一月にヨーロッパは決めていました。

しかし、そんなことをしたら銀行は持たないし金融危機が広がってしまうので、イタリアとしてはベイルインを無視して救済する、ということでＥＵの合意を得ようとしている。ＥＵもいま見て見ぬふりをしているという状況です。

宮崎　かつてのフランスのように銀行が危なくなったら国有化して、健全になったらまた民営化して、国有化と民営化を繰り返している国もあるぐらいだから、イタリアがＥＵにそこまでうるさくいわれる筋合いはないでしょう。

渡邉　もちろん、国が救済するのはいいのですが、イタリアはGDPにおける債務比率が約一六〇％（二〇一五年十一月、OECD）もあって、銀行を救済すると今度はイタリア自身がダメになるわけです。国家がダメになると国債が暴落する。結局EUの一番の問題点、財務が別なのに通貨が同じという、歪《ゆが》んだ構造の矛盾点が表面化するわけです。どうしたらいいのかといわれたら私もものすごく困る事態です。

エリートの思い上がりがEU離脱の決定打

宮崎　結局EU憲章とか細かな規定、三五章からなるEUの法体系（アキ・コミュノテール）、約二万六〇〇〇の法規と、約八万ページもあり、新規加盟国は国内の法制度をこのEUの法体系に合わせなければならないわけです。あんなのいちいち誰も覚えてないだろうけれども。

こういうのを見ると、エリートの思い上がりだといわざるをえない。フランスの政治経済学者で外交官だったジャン・モネは、ドイツにナチスがでてきたように、民主主義のもとでも全体主義がでてくるのは、人民に権力を委ねる民主主義が悪いといった。これを防止するためにエリートだけでこれまでとは違う規約をつくろうとしたのが、そもそもEU

のはじまりでしょう。しかしそれがまた破綻したらどうなるのか。やはり衆愚政治に戻るしかない。メディアはポピュリズムと批判しますが、エリートへの国民の反発を見なければ、ポピュリズムの台頭の理由をつかむことはできません。

反知性主義もそうです。反知性というと頭の悪いことのように誤解しがちですが、主知主義のエリートに対しての大衆の知恵というところでしょう。

イギリスの次はデンマークが有力か

渡邉 結局、異なる国家、異なる文化、異なる民族を一つにまとめようと思うと、中国のような圧政以外に方法はない。それぞれ文化的な差異があって価値観の違う人間を一つのルールのもとで縛り付けるには力しかなく、都合がいいうちは呉越同舟《ごえつどうしゅう》で同じ船に乗っていても、そうでなくなったとたんにみんな我先に船から降りはじめるわけです。それで最初に降りたのがイギリスだったという話だと思います。

宮崎 次はデンマークがEUから降りるらしい。一方で、トルコやウクライナ、ベラルーシ、セルビアなどEUに入りたがっている国がまだあるわけです。でも入るころにはEUは崩壊してる（笑）。

渡邉 だから、EUを成立させるためには、フランスとドイツが抜ければ、貧国同盟で残るかもしれない。

宮崎　もちろん、明日EUが分裂するというわけにもいかないでしょうが。

ここで紹介したいのはフランスの左翼学者が声高に「反グローバリズム宣言」していることです。

前述のエマニュエル・トッドは『問題は英国ではない、EUなのだ』（文春新書）のなかで、明確にEUの崩壊を予言しています。

もともとトッドが世界的に有名になったのはソ連崩壊の予言からで、日本でも丹羽春喜氏や那須聖氏らがやはり予言していましたが、誰も信じなかった。丹羽氏は経済的疲労が軍事出費に耐えられなくなるからだとし、那須氏はイデオロギー的行き詰まりを理由にあげた。

ところがトッドは、人口動態の激変とイスラム人口の爆発、家族制度からソ連は持たなくなると予測していました。したがって、それらの桎梏《しっこく》から解放された新生ロシアの未来は楽天的だと見ています。

反対に中国は、西側企業が「安い労働力」に着目して工場をあちこちにつくり輸出主導で、人工的一時的繁栄をなしたが、創造性に乏しく、内需拡大も企業効率化もなく、矛盾をすり替えるために「一世紀後れのナショナリズム」に逃げ込んでいる。「だから危険」

なのであり、中国の近未来に最良のシナリオなぞ考えられないといいます。

余談にそれましたが、トッドの肯綮《こうけい》は「反グローバリズム」です。「ネオリベラリズム」はそれ自体が反国家の思想であるだけでなく、国家についての思考を著しく衰退させ」、「社会科学と歴史的考察を荒廃させ」たということです。

したがってフリードマンも、スティグリッツもクルーグマンも、「経済」だけで問題を論じているのは「知の荒廃」であると断言していて、これは大いに注目するべきですね。

渡邉　したがって、賢いところから足抜けして瓦解していくと思います。だから、まえにも述べたようにドイツの財務大臣がいっていることが正しくて、「イギリスのわがままは絶対に許しちゃいけない」というけれども、そんなことをイギリスがすんなり飲むわけもない。もともとヨーロッパというのは、価値観の違う国々がなんとなく一緒にいるような状況なわけで、分裂の方向には確実に向かっている。

宮崎　ヨーロッパの場合、確かに文化は違うんだけれども、キリスト教が一応基盤となっている。トルコはイスラムだから排除したわけですが、キリスト教といったって、ドイツはプロテスタント系だし、フランスはカソリックだし、水と油です。チェコとアルバニアは無神論者が多い。それならイスラムを入れてなにが悪いという議論も当然でてくるでしょう。

渡邉　オーソドックス（正教会）もいるし。イスラムもいるし。もう無茶苦茶ですよね。要は一つにもともとなれないものが、無理やりおいしいとこ取りで、みんな一緒になろうしたけれども、やっぱりダメだったということになるのだと思います。

スペイン、ポルトガルの南米リスク

宮崎　今度はスペイン、ポルトガル、イタリアなんて国々を分析したいと思いますが、スペインは喜んでいるんじゃないですか。イギリスからジブラルタルを取り返せるかもしれませんしね。

一方、ポルトガルはどうなのか。ポルトガルは、日本理解でいえば、日本文化センターがあったり、歌舞伎、アニメ、それから文学では三島由紀夫以下、ほとんど訳されてるし、質が高い。やはり、少年使節団以降の伝統が残っている。だから非常に親日的ですよ、ポルトガルは。ただ、あんなちっぽけな国になってしまって野心も見られない。

その点、スペインはいまだにプライドも高い。バルセロナも独立運動が起きたりするくらいですが、スペイン国王からして最大の外交特使として世界中を回っています。〇八年のリーマンショックが起きた直後にも順番抜かしてまで天皇陛下に謁見したように、外交力はいまだに堅持しているんだけれども、ポルトガルは存在感がなかった。ようやく十月

主要国で独立の動きがある主な地域

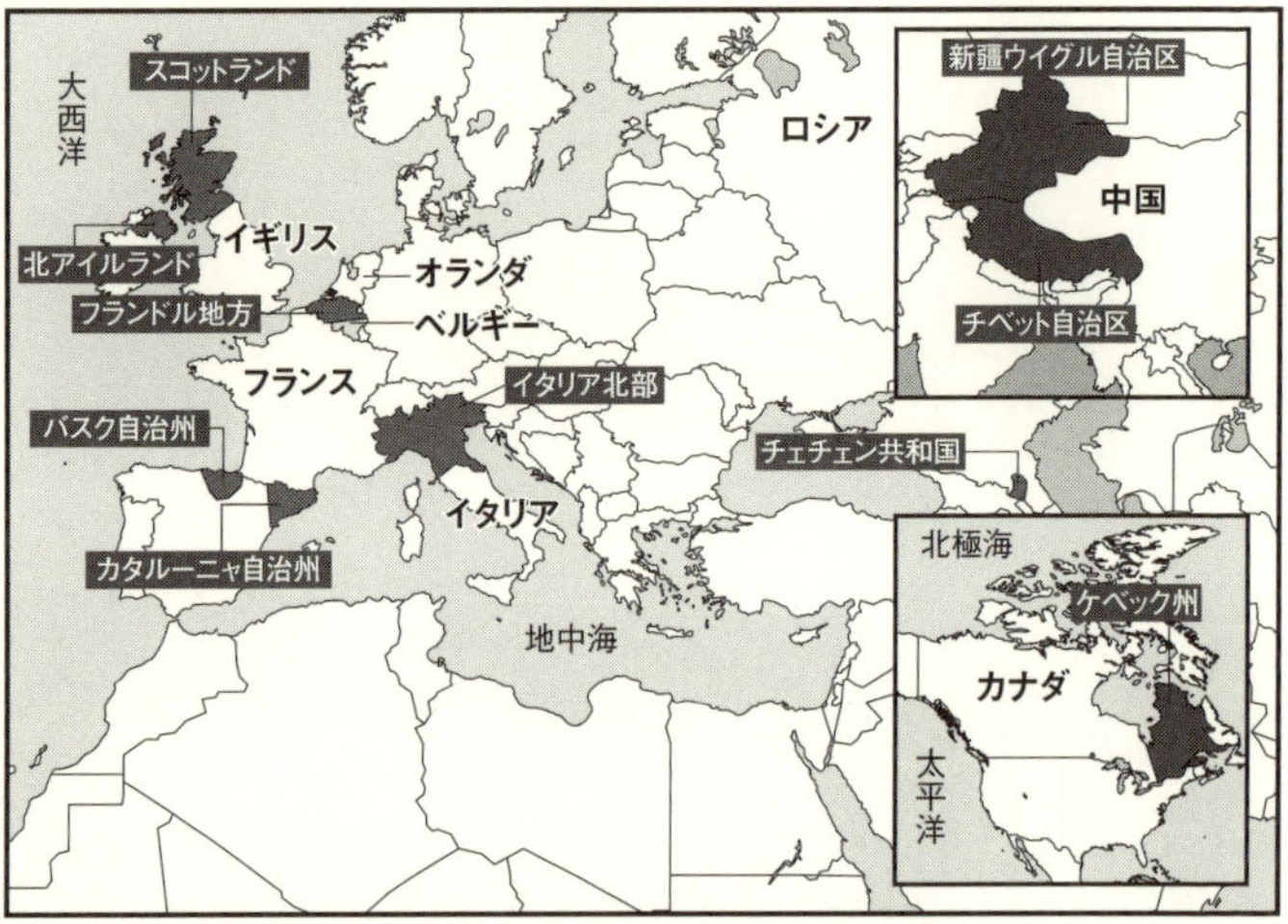

になって国連の次期事務総長にポルトガルの元首相が選ばれ、ポルトガルは久しぶりに国際社会に登場、というか再デビューでしょう。

渡邉　ただスペインの大きなリスクに南米があります。南米の金融を握っているのがスペインのＢＢＶＡ（ビルバオ・ビスカヤ・アルヘンタリア銀行）だとかバンコ・サンタンデルがありますが、そのブラジルがヤバイ。

宮崎　南米、特にブラジルやチリなんてスペインとポルトガルの末裔《まつえい》ですからね。

渡邉　金融面ではいまだに関係が深かったのですが、ブラジルだけでなく、南米全部が財政的にヤバイ。資源価格の暴落によって。そのダメージをスペインの金融も受けるリスクが大きい。

宮崎　ポルトガルの銀行はそんな大手はないんじゃないですか？

渡邉　ポルトガルにはないです。スペインはカハ（caja）いわゆる貯蓄組合、日本でいうところの信用金庫がリーマン後にほとんど破綻しちゃったんですね。

それでカハを全部合併させ、国有化して損失を切り離したのですが、そのダメージからいまだ切り抜けられていない。不動産価格が上昇に転じないので不良債権が増え続けている状態なんです。

宮崎　いまのご指摘は非常に重要で、信用組合を国が救済した。

アメリカでも一九八〇~九〇年代に貯蓄金融機関（S&L）の破綻が続出したため、米政府は八九年に破綻処理専門機関を設立して、七〇〇超のS&Lを清算したことがありました。処理コストは約五〇兆円にのぼったとの試算もあったようです。しかし、その後どうなったかという話をほとんど聞かない。

渡邉　同様にスペインのカハも吸収合併で一つの銀行にして、それに対して不良債権を別立てでバッドバンクをつくってそこに移すという作業をしています。そのバッドバンクの債務整理もどこまで進んでいるかよくわからない。

宮崎　スペインに行ったとき、スペインの景気がすごくいいときでしたが、海岸線に山のように別荘をつくってヨーロッパの金持ちが投資していたのが突然終わりを告げ、中国と同じ、ほとんどがゴーストタウンです。だから、スペインのバブル崩壊というのもすごいなと思ったことがありますが、いまだに放置したままでしょう。

渡邉　二〇〇〇年から二〇〇八年までの間に不動産価格が四倍くらいまで上がり、スペインじゅうの県が新しい都市、空港、大規模インフラのプロジェクトを実施しました。そのダメージが温存されて、時価評価の放棄も含め、どうなっているかわからない。ギリシャにいたってはいうまでもない状況です。

宮崎　日本から直行便がなかったのを、いよいよイベリア航空が成田とマドリッドの直行便を就航させました。日本人のイメージだとスペインは闘牛の国だと思っているけれど、カタルーニャでは闘牛は禁止されている。ひっくり返って驚くようなことが起きています。それで、結構テロリストがいるでしょう。だからスペインも結構な大国、人口も五〇〇〇万人近い。

狙い撃ちされたスイスの銀行

宮崎　スイスはどうでしょうか？　ブレグジットは祝福すべきことなんじゃないですかね？

渡邉　いまだにUBSとクレディ・スイスの二行がありますが、これがパナマ文書でクローズアップされちゃったんですよね。ほかにもクローズアップされたのはイギリスのHSBC（香港上海銀行）とUBS（Union Bank of Switzerland）、クレディ・スイス、後はフランスのクレディ・アグリコル、農協、ソシエテ・ジェネラルあたりがメインメンバーで、それからルクセンブルクの銀行がいくつか。

宮崎　スイスが一番痛手を被ったのは九・一一ニューヨークテロ直後からのアメリカの情報公開圧力で結局根負けして顧客リストを出しましたが、その前にスイスは顧客に「金を移しなさい」と非常に巧妙な手で時間稼ぎをやった。しかし、今後スイスの銀行業は厳しくなるのではないですか？

渡邉　二〇〇九年に銀行秘密保護法（スイス銀行法四七条の秘密保護条項）がなくなって情報公開されるようになった件ですね。

日本人がスイスの銀行について誤解している一つの大きなポイントは、プライベートバンキングとプライベートバンクは違うということです。プライベートバンキングといわれるものは、要は貸金庫業で、銀行が貸し付けを行ったりするのではなく、顧客の資産を預かることで手数料を取って食べている銀行、これがいわゆる「スイスの銀行」のイメージです。それともう一つの商業銀行といわれるプライベートバンクは顧客から預かった資産の運用もしているわけです。この二つがあって、いま俎上《そじょう》にのぼったＵＢＳとかクレディ・スイスは後者の商業銀行のほうです。ですから、スイスの銀行業の先行きは、どちらの銀行かによって見え方がかわります。

宮崎　プライベートバンキングは金を預けて、利息をくれるのではなくて、取られる。それでも預けたいのは、やはり秘密口座だからでしょう。

渡邉　ヨーロッパ人にとっては秘密口座と、それから自分で持っていることのリスク換算でしょうね。

宮崎　だから産油国の国王一族は石油代金とは別に、コミッションはスイスへ移せというようなことをいままで営々とやってきた。アラファト（パレスチナ解放機構（ＰＬＯ）の指導者）も世界からの援助金の半分をくすねてスイスの銀行に置いていた。なにやっているかわかんない暗い闇《やみ》がありましたが、パナマ文書はプライベートバンキングにもメスを入れたんですか？

渡邉　プライベートバンキングのほうは関係ないですね。スイスのプライベートバンクを使っていた連中は香港人や中国人で、お金のやりとりをしているほうなので、貸金庫業はあまり関係がない。

宮崎　日本の場合は銀行に貸金庫がありますからね。

渡邉　日本の銀行の場合、貸金庫の中身まで把握してませんが、スイスの場合、貸金庫ではなくて銀行として預かっているので金額も把握している。

ギリシャ、キプロスをEUから追いだしたい独仏

宮崎　いうに及ばずのギリシャですが、しかしギリシャはいま相当しんどいことをやっている。つまり国有財産を片っ端から売らなきゃいけない。

これは安全保障上の問題にもなっていて、ピレウス港を中国に明け渡すとか、バルカン半島を北上する鉄道まで中国に明け渡すなんて話をしていますね。

渡邉　ピレウス港の六六％の売却は終わりました。あとは他の鉄道、電気、インフラも海外に売るという話がでており、中国が積極的に名乗りを上げている。ヨーロッパ各国はギリシャから難民が入るので、ギリシャをEUから離脱させればいいと、ドイツやフランスがいいだしています。

宮崎　いや、最初からギリシャを入れたのが間違い（笑）。ブルガリア人はギリシャが嫌いですが、こんなジョークを聞きました。「ギリシャの景色は美しい。もしギリシャ人がいなければ、もっと美しい」って（笑）。

一〇月末にキプロスへ行って驚いたのは、ロシア人ばっかり。

渡邉　ギリシャを追いだせばいいわけですよ。ギリシャがシェンゲン協定から外れて困るのはどこかというと中国です。中国は一帯一路の一環として、ギリシャの港を取りたかったわけですから。

宮崎　それは大いにいいことだ（笑）。

渡邉　ギリシャがでていくというので、「でていく代わりに借金を帳消しにしてあげるからシェンゲン一回解消しようよ」という案が一部にあります（笑）。

それともう一国が本当はもうすでに破綻したお隣のキプロスで、キプロスはやっぱり永住権と国籍を売っていた。

宮崎　ロシア人が一番買ったでしょう。

渡邉　ロシア人と次が中国人です。キプロスの国籍をとるとヨーロッパじゅう、シェンゲン圏を自由に移動できるわけですから。これが問題になっていて、ギリシャにくっつけてキプロスもいらないという話がでているんですよね（笑）。

宮崎　キプロスの国籍を買う条件があるでしょう？

渡邉　不動産買うか、投資するかだったと思います。確か三〇〇〇万ドルだったか。いま条件が上がってずいぶん高くなっていると思います。

宮崎　先に買った人は得をした。

渡邉　そうですね。ただ、いつまでこれが使えるかっていうのは別です。キプロスの最大のリスクは港に多くのロシアの軍艦が寄港できるようになったことです。これが、ヨーロッパにとって非常に大きな安全保障上のリスクになって問題化している。

宮崎　ギリシャ人はヨーロッパ人かと、疑問に思うことがあります。昔のアテナイとかスパルタにいたギリシャ人といまのギリシャ人はスラブ系だから、人種がまったく違う。それから、名前がおかしいでしょう。ソクラテス、アリストテレス、ホメロス。最近でいうとデュカキィス、パパンドロスとか、ステファノポリスとかみんな最後にSがつくからあなたギリシャ人だね、とすぐわかったのですが、最近はファミリーネームが違ってきました。これは国際化ですかね。

渡邉　そうですね。文字もギリシャ文字で、言語としてもヨーロッパとはちょっと違う。

宮崎　だから前の通貨、ドラクマに戻せば一番いいじゃない。ギリシャは通貨を戻すと、ヨーロッパ企業がどっときますよ。通貨が安いということは人件費が安くなるから、製造業にとったら一番いい。

渡邉　ＩＫＥＡのヨーロッパの拠点はギリシャにあります。賃金が安いので。シェンゲン圏なのでヨーロッパ向けの輸出で、ＩＫＥＡはいま、機械で全部つくっています。

宮崎　先日、『帰ってきたヒットラー』という映画を観ていたら、ＩＫＥＡの流通拠点みたいなところにヒットラーがいる（笑）。この場面でみんな笑っていたんだけれども。ＩＫＥＡはグローバル企業になっちゃった。

渡邉　そうですね。スウェーデンの会社から。

シティ没落か？

渡邉　イギリスのポンドが衰退して、シティはどうなるかを議論したいのですが、シティの強みは世界の通貨市場において非常に有利な場所にあるという点です。なぜかというと午前中の取引においてはアジア・中東と一部ヨーロッパ、午後はアメリカのマーケットと連動している。つまり通貨取引、為替取引を二四時間できる、どこのマーケットともフルアクセスできる、というのがシティの強みです。

宮崎　なにせグリニッジ標準時ですから。

渡邉　根本はそこにあるでしょうけど、世界のドル売買のシェアの約四〇％をシティが握っている。ウォールストリートでも二〇％ぐらいしかないので、シティはそれよりも二倍のドルを動かしているわけです。米国内および米国銀行が取り扱う以外のドル、オイルマネーや資源を売買するときに使用するドルを「ユーロダラー」といいます。ドルは日本の銀行もたくさん持っているように、ヨーロッパの銀行も大量に保有していて、一番使い勝手がよい、世界中どこでも使える通貨ですが、シティはこのユーロダラーのメインマーケットになっています。

いまヨーロッパの構造というのは、ＥＵの銀行監督機関の本部がシティにあります。銀行同盟、いわゆるデリバティブの決済センターもシティにあるわけです。ＥＵの決済センターおよび銀行監督の機関を他に移すという話がありますが、実際に機能するかというと、疑問です。

宮崎　だから、ブレグジットの直後に、アメリカのメディアを読んでいると、さあ、シティからフランクフルトへとか、アムステルダムへというような記事が山ほどでた。そして一番最後の候補地がバルセロナ。つまりそういうことはありえないということでしょう。

渡邉　おそらく時差の問題、言語の問題、エキスパートの問題からしても難しいでしょう。たぶん日系の銀行は基本的にヨーロッパの本部はイギリスに置いていています。

宮崎　フランクフルトにも一部置いていますね。

渡邉　ただそれはドルよりもユーロ決済のセンターであって、ユーロダラーをコントロールできるところは、他では難しいと思います。

メイ首相の強硬姿勢でポンドは急落

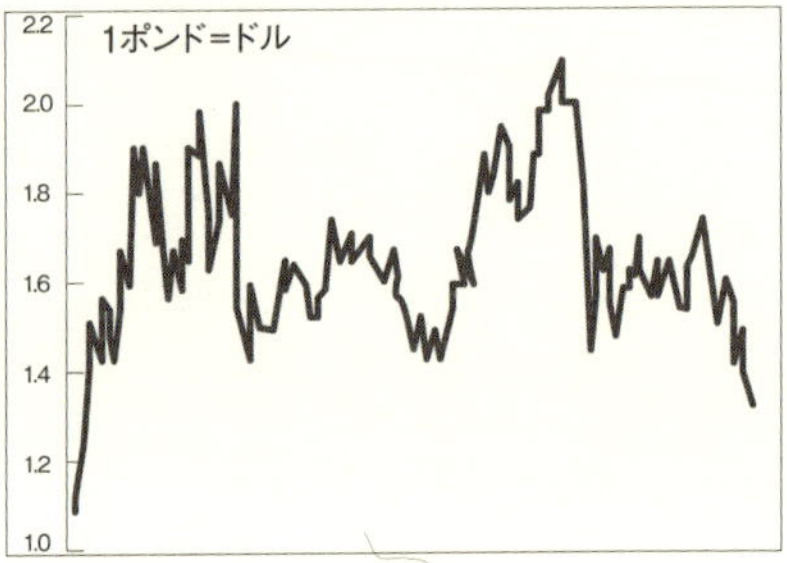

出所：日経新聞

英国株は過去最高値が視野

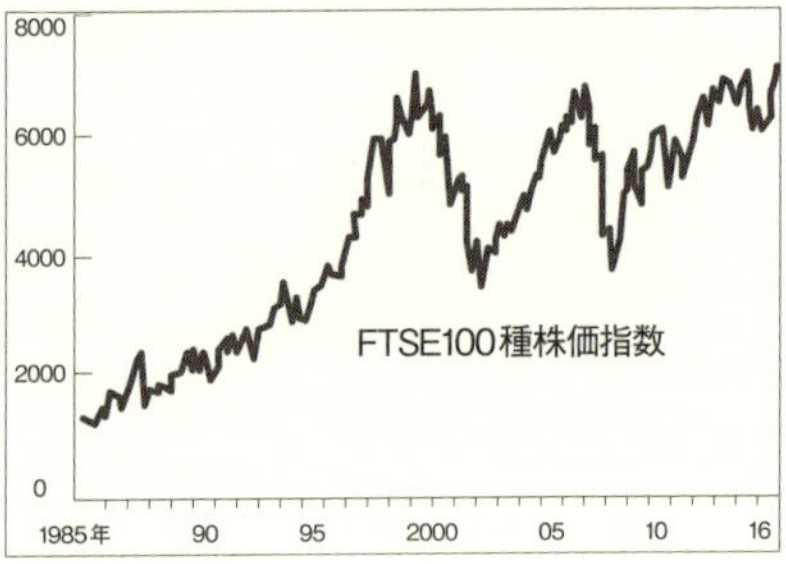

出所：日経新聞

ユーロとポンド 下落するのはどっち?

宮崎　先にも述べましたが、ブレグジット直後からズルズルとポンドが下落しました。あのときいわれたのは、ＥＵからイギリスが抜けるとヨーロッパへの関税が一〇%かかるから在英の日本企業は大打撃を受けると。日本企業、なかでも自動車がそうですけれども、ドイツの排外主義やフランスも自動車産業に関する保護主義があって、日本の自動車メーカーはみんなイギリスに行っていた。イギリスで年間八〇万台ぐらいつくっています。ところが、ポンドがガタガタと二〇%以上も落ちたでしょう。結果的に、関税が一〇%かかろうが、競争力は維持できるんですよ。そういう意味でポンドの下落というのは今後も続くと見ていいのか。つまりイギリスはどうしてこんなポンド安をいま、放置しているのか。

渡邉　自国の産業にとってはポンド安のほうが都合がいいからでしょうね。それと、もう一つ、先ほどのシティに関連して一言いっておかなければならないのは、「ワンパスポート制度」といって、EU圏内の銀行はどこか一カ国で銀行免許を取得すると、EU圏内であればどこでも営業ができる、という制度があることです。

このワンパスポート制度があったため、イギリスで許認可をとっている外国の銀行が多かった。だから監督権がイギリスに集中する構造になっていた。

それと、ユーロとポンドですが、比較的ポンドのほうが先行きが見えてきていると思いますが、ユーロ＝ポンドだとどうなるかいまの時点ではわかりません。

円＝ポンドだとかドル＝ポンドであれば、円やドルが強くなる可能性が高い。特にドルに関しては利上げも予定されていて、高くなる可能性が高い。ユーロのほうがポンドよりもリスク要素が大きいので抜けてしまうイギリスよりも、残されたEUのほうが大変になるように見えます。ドイツ銀行をはじめとして。

九月になりふたたび米国がドイツ銀行に対し一・四兆円の罰金をかけるという話がでてきて、信用不安が再燃していますが、これも先述したドイツ銀行がサブプライムの主犯だったからです。したがって、アメリカ当局としてもドイツ銀行に対して容易に折れるのは難しいといわれています。

ただし、むやみやたらに世界的な金融危機を起こすわけにもいかないので、米国当局としてもどこかで折り合いをつけざるをえないでしょう。

宮崎 だとしたら、対ドルは別にして、もういっぺんポンドのほうが対ユーロで一・二とかもうちょっと高くなる可能性がありますね。

渡邉 対ユーロではですね。

イギリスという調整役を失った欧州、ドイツはロシアと手を結ぶ?

渡邉 それから、ヨーロッパの問題点として、イギリスなきあとに誰が調整役を務めるのか。国際会議の条約の正文というのは、基本的に英文で、これまでイギリスが最後に入って監査して作製していました。要するに調整役、まとめ役としてイギリスはヨーロッパのなかでは卓越していたわけです。それは二枚舌三枚舌といわれる外交戦術と表裏一体なのですが、ルールづくりではイギリスが卓越していた。フランスとドイツの二大国家、それからイタリアやスペインがあったとしても、とてもまとまりません。イタリアやスペインなんてそもそも時間を守りません。フランス人も守らない。ドイツ人だけが厳格というような状況で、EUのなかに話し合いをまとめる国がなくなってしまう。これもEU分裂の可能性、危機としては非常に大きい要素です。

宮崎　逆にいうと海を越えたところから来ているからイギリスを調整役として容認しましたが、大陸のなかだけだといがみ合いが収まらない。いっそのことロシアに頼んだらどうかな（笑）。

渡邉　（笑）ロシアは壊すことはしても、まとめられません。いっそのこと日本が頼まれたら、日本はそこそこやるかもしれないけれども。

宮崎　ただ言葉がね。特に条約の言葉というのは日本人の英語ではとても追いつけない言いまわしや慣用句があるから。

渡邉　話し合いのまとめ役がいないヨーロッパというのが政治的に見た場合に一番危険なんですよ。

宮崎　喧嘩《けんか》しだしたらお互いに横向いて何日も口をきかない。夫婦喧嘩もそうだけれどね。

渡邉　ヨーロッパの大陸横断鉄道が象徴的で、フランス圏内とつながっているのに、フランスまで行けるチケットをドイツでは売ってない。ネットだと買えるのですが、駅では売ってない。

それから、ドイツのエリア内の鉄道網は比較的正常に動いていますが、フランスは遅れるのが当たり前。普通日本だと乗り継ぎの接続を配慮するじゃないですか、ところがそれをまったく考えてない。ドイツは駅を定時に発車しても、フランスだと平気で二時間遅れるわけです。だから乗り継ぎに何時間も待たされる。下手すると翌朝まで。それがヨーロッパのすべてを表す象徴的な姿だと思います。

宮崎　そのドイツがＥＵをぶっ壊してロシアと手を結ぶ可能性もなくはない。かつてビスマルクはロシアと再保険条約（二重保障条約とも呼ばれる。一八八七年六月十八日、ドイツとロシアの間で締結された秘密条約）を結んだ例もあり、プーチンとメルケルの関係は深いですから。メルケルは東ドイツ出身でロシア語をあやつるし、プーチンもＫＧＢ時代はドレスデンにいたからドイツ語がわかる。

渡邉　まったく複雑怪奇な欧州情勢です。

第二章　米国経済の病理と利上げショック

FRBの利上げが世界を襲う

宮崎　次に、ドル高と同時に、近くに行われると予想されるFRBの利上げについて渡邉さんの見解をお聴きしたいと思います。

渡邉　FRBの利上げの一番のリスクはなにかといえば、ユーロダラーのような、海外に貸し付けられているドルの調達金利が、上がることです。ただでさえ景気が悪いヨーロッパや中国、南米も含めて、このリスクが世界的に波及する可能性が高まっています。

金融機関がユーロ市場で資金調達をする（期間一年以下の短い資金をやり取りする）際の基準金利LIBOR（London Interbank Offered Rate　ライボー）は、世界の金利基準になっていますが、このドルの調達金利が上がるということは、世界的な規模で金融引き締めが生じてしまうことを意味します。このとき、注意しなければならないのは、そのリスクが各国一律に生じるならいいのですが、そうではなく、ハイリスクの国からキャピタルフライト（資金流出）が起き、リスクのないところへお金が集まる、という構図に世界中がなることを意味します。つまり、余裕のある日本みたいな国にお金が落ちてくる。欧州におけるドイツと、他のEU諸国の関係みたいな構図になるわけです。そのリスクが大きい。

宮崎　では急激に円安には進まない？

渡邉　円の評価を決めるのは、リスクと量です。世界的なリスクが上がると安全資産である円が買われ、円高になるのです。たとえば、円を増やし、ドルが減るということは、本来は円安・ドル高要素なのですが、それによってリスクが高まるので、円高でバランスしてしまう。日本銀行としてもFRBの利上げに対して量的緩和と金融政策の変更で対応しようとしているので、その辺のバランスがどうなるかということだと思います。

これまでは純粋な量的緩和によって日本銀行が債券を買い、結果的に市中に資金を流すということだけを行ってきましたが、九月二十一日の政策変更により、一〇年債の金利を〇％前後に誘導すると方針転換しました。これは長期債を意図的に増やすことにより、市場に短期の資金ではなく中長期の資金を増大させようというのが、狙いです。短期の資金はホットマネーとして投機方向に向かう可能性が高く、中長期資金は不動産投資や設備投資にまわりやすいからです。したがって、市場の中長期資金が増えることにより安定を図るわけです。

ただし、中長期資金を増やしたことによって出口戦略をとりにくくなるのも、一つのリスクとして存在します。

日銀の購入減で長期金利のマイナス幅が縮小

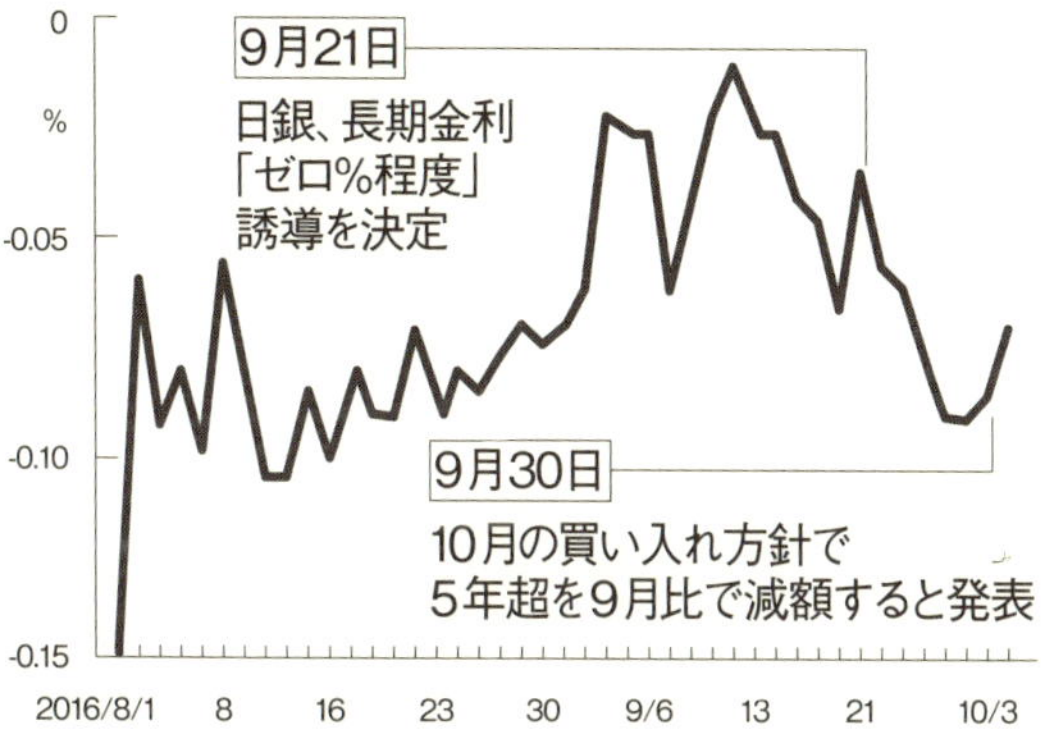

アジアの基軸通貨は人民元ではなく円

宮崎　日銀はマイナス金利政策をもっと進めるといっている。

渡邉　ドルが減った分を世界的に供給しないと、世界的な資金不足が起きます。円の場合は、特にアジア圏への影響が大きい。すでにＡＳＥＡＮ（東南アジア諸国連合）諸国に対しては非常時にドルを供給できるよう通貨スワップ協定を結んでいます。これをさらに拡大しようとしている。

宮崎　韓国ともいったん切っていた日韓通貨スワ

ップを、協定締結に向けての協議を開始しました。韓国政府は事実上、破綻しかけているでしょう？

渡邉　そら見たことか、というのが全日本国民の素直な感情だとは思います。要するにアジア圏のリスク——今回ＩＭＦ（国際通貨基金）のＳＤＲ（特別引出権）の構成通貨に人民元が加わり複雑になっていますが——世界の銀行はアジアの基軸通貨＝ハードカレンシーは円だということです。だからアジアの金融危機には円が保障しなければならない。

同様に、アメリカが担保しているのは、アメリカと南米圏。イギリスが担保しているのはユーロダラーも含めて旧大英帝国の国々です。そして、ヨーロッパが担保しているのはユーロ圏および大陸諸国という構図になっているわけです。

これがＩＭＦと連動する形で、世界の通貨の急激なリスクを防ぐための仕組みをつくっている。ですから、アジアに関していうとＦＲＢの利上げもふまえて、アジア全般のリスクを抑えるためにスワップ関係を拡大すると同時に、量的緩和によってマネーサプライ（資金供給）を増やすことでリスクヘッジする。

利上げでデフォルトする南米諸国

宮崎　ＦＲＢの利上げ、それによるドル高が世界各国に与える影響を具体的に見ていきましょう。

一番極端に響くのは、まずベネズエラ。それからブラジルの景気悪化。それにともない、周辺国のアルゼンチンとか、パラグアイ、ウルグアイ、チリ、ボリビア、エクアドルがまずおかしくなる。ベネズエラには中国が六五〇億ドルも投資しています。ベネズエラがデフォルトをやらかすと中国がもろに悪影響を受けるでしょう。

渡邉　いわゆる南米の資源国、産油国というのは、いま二つの大きなリスクを背負っています。第一はいうまでもなく資源安。第二に中国の莫大な投資が止まりはじめていることです。

宮崎　昨年（一五年）の夏にブラジルを訪問した李克強《りこっきょう》の大風呂敷ですね。アンデス山脈を横断して太平洋に抜ける鉄道建設など、エネルギーや鉱業、航空、インフラ分野で数百億ドルの案件をまとめたと発表しましたが、打ち上げ花火で終わりました。

ブラジルでも汚職関係で、中国が高速鉄道を敷くという話も頓挫《とんざ》してしまいました。

その次はニカラグアに来ますよ。ニカラグアは反米で有名なサンディニスタ左翼政権ですが、パナマ運河に対抗するニカラグア運河の建設を香港の中国資本の会社が受けましたが、資金枯渇で工事を中断しています。アメリカは、それ見たことか、と手を叩いて喜んでいるはずです。

渡邉　結局、鉄鉱石をはじめとした各種資源、それから原油安が南米のクビをしめています。南米は海底油田で、沿岸部で海中から掘らなければならず、採油コストがただでさえ高い。ブリティッシュ・ペトロリアム（BP）が　メキシコ湾でリブが壊れて、油が漏れた事故があったように、南米は沿岸部に多くの油田があります。それはいいのですが、結局海底を掘るため採油コストが高くつくので、ほとんどすべての事業が不採算になってしまっている。資源で食べて、資源バブルに踊っていた国が一気に逆転現象を起こしたわけです。

それと同時に採掘量も減っている。金額が落ちて採掘量も減るという二重苦状態。加えて、中国バブル崩壊で投資マネーが引きあげられたあげく、オリンピックも終わってしまった。やはりどう考えても、景気が悪化していく方向に進まざるをえないでしょう。

宮崎　ここにアメリカの利上げが来ると、南米諸国はもろにデフォルトする可能性が高くなる。南米が不況になれば、アメリカにただでさえ多いラテン系の移民がさらに増える悪循環に陥ります。結局利上げは他国だけでなくアメリカに跳ね返ってくる。

世界の警察から警備員にかわったアメリカ

宮崎　ところで、アメリカが利上げをするということは、基本的にはアメリカの国内景気がいいという判断をFRB（連邦準備制度理事会）がしているからでしょう。それほどいいとは思えませんがね？

成長はあるが、それを上回る物価高、加えて、ニューヨークなどチップが一八％から二〇％です。

渡邉　アメリカ経済は堅調といっていいと思います。失業率も落ちているし、実際にいままでなかなか改善しなかった低所得者層などの就業率が上がっています。

宮崎　就業率は上がっていても賃金がほとんど伸びていないでしょう。

渡邉　それが、賃金の伸びが加速する兆候がではじめました（『ロイター』八月十七日）。ようやく、国内向けの投資を中心とした政策が打てるようになった。

逆にいうと、トランプ現象にしてもサンダース現象にしても、雇用の拡大というかたちで、プア・ホワイトたちの叫びが、政治に反映されはじめたとみていいでしょう。アメリカから見れば、タックスヘイブン（租税回避）への規制強化の流れに一役買ったパナマ文書も、そういう側面があると思うんです。要するに、グローバル企業がアメリカに税を還元し、製造地を国内に移すことにより、雇用を拡大するという政策を実行するための地ならしの役割をパナマ文書がはたしたわけです。

いま日本でも低金利政策が大きな問題になっていますが、このこともFRBが利上げする理由の一つになっています。つまり、低金利政策には金利所得がつかないという負の側面があるからです。それが長期化していくと、高齢者など金融所得で食べている人たちが苦しくなる。したがって、一定の金利を取れるよう金融の正常化をしようとするアメリカの方向性自体は、間違っていないのですが、半面海外には甚大な影響を与えるのが問題なのです。

「アメリカ・ファースト」はわからなくありませんが、世界に与える悪影響は無視できません。トランプもヒラリーもいいたいことをまとめればこうです。アメリカは「世界の警察」をやめて「世界の警備員」になる。だからカネをいくらくれるかによって、サービス内容をかえますよと。要するにアメリカはセコムにかわった（笑）。

宮崎　セコムくらいサービスがよければいいけど（笑）。

渡邉　核もレンタルするといってるし（笑）。

宮崎　セコム、帝国警備といえばオバマは「世界の警察官はやめる」といいだし、それを聞いて安心して、泥棒たちが他国の領土、領海を盗みはじめました。まったくアメリカっていう国は「敵と味方をいつも間違える天才」ですね。セコム・クラスならいいけど、はっきりいってアメリカはそれ以下の警備会社だったかもしれません。

問題はインフレと資産バブル

宮崎　さてアメリカ経済のもう一つの問題は、インフレです。このあいだもニューヨークに行って驚いたのは、ボロボロのホテルで一泊四万円。しかも、チップがニューヨークの場合は二〇%。だから昼にちょっとしたレストランで軽い定食を食べるとだいたい料理で五〇ドルとられる。チップ一〇ドルとあわせて六〇ドル。日本に置き換えれば、大手町で定食を食べたって、一二〇〇〜一三〇〇円のところを、ニューヨークのマンハッタン地区ですと六〇〇〇円かかる。それに人々が耐えているというのは、可処分所得があるからでしょうけど、貯蓄する余裕はないでしょう。

渡邉　不動産価格全般で見てみると、すでにリーマンショックの水準を超えていて、アジア系の多い西海岸やマンハッタンなど、一部地域では完全にバブルの前兆が見えている、というかバブルに陥りかかっています。チャイナマネーが大量に入り込んで、不動産価格を引き上げすぎたのです。資産バブルのリスク、実体経済以上に資産価格の上昇分のほうが大きくなりすぎているので、利上げして引き締めざるをえない、という側面も確かにあります。

宮崎　去年一年間だけで、アメリカへ流入した中国の不動産マネーは、二七〇億ドルです。中国マネーが北海道の水資源からリゾート地、あげくは軍事施設の近くを買うなど、いずれ北海道は中国の三二番目の省となるのではないかという脅威論がありますが、北米や豪州、ニュージーランドにおける「不動産の爆買い」はもっと凄《すさ》まじい。中国はウォルドルフ・アストリアホテルから、高級コンドミニアムまで片っ端から買いまくりましたからね。

渡邉　マンハッタンだけで見ると、サブプライムのときに比べても、価格が二倍近くまで上がった物件もではじめているので、確実に不動産に関しては、一部地域でバブルになっています。

あとは東海岸ではなくて、西海岸側も中国人の多いロスだとかその周辺はかなり上昇が見えています。カナダのバンクーバーもそうですね。チャイニーズがたくさんいる地域は不動産バブルが明らかに起きて、大きなリスクになっている。

確かに不動産バブルが起きていたのですが、南米のように中国の投資の引きあげで、バブル崩壊が見えはじめている。それがいまオーストラリアの銀行の大きなリスクになっています。

オーストラリアの銀行は預金不足で――日本でもバブル崩壊後に銀行が金利を上げて顧客を抱え込む動きが起きましたが――高金利で預金を集めはじめている状況です。カナダも同様で、バブル崩壊が明確化しています。デフレ下において金利が上がるという異常な事態になっている。

チャイナマネーの還流で翻弄される世界の不動産市場

宮崎　もう一つニュージーランドを足して、カナダ、ニュージーランド、オーストラリア、すなわち大英連邦。資源が高騰して中国がどんどん買ってくれていたときは、通貨がべらぼうに高かった。オーストラリアドル＝一〇五円。あれは五五円ぐらいが関の山の通貨ですよ。やっといま八〇円切って七五円ぐらいまで落ちた。

それと、オーストラリア国内だけの視点で見ると、確かに不動産価格は上がっていますが、国際的視点からすれば、通貨価値が落ちている分、価格はそんなに上がっていない。だから日本から見れば買いなんだけど、日本人はいま、縮小志向で海外の不動産を買おうという人はほとんどいない。英国ポンド暴落で、ロンドンの不動産は安価ですが、買いまくっているのは中国、そして香港です。

一方、日本国内での不動産投資も家賃が下がりはじめました。

先ほど渡邉さんがおっしゃった金利生活者にくわえ、家賃収入生活者も家賃が落ちているためいまは苦しい。ということは、日本の富裕層もかなりしんどい、これでは大型消費が起きっこありません。

渡邉　都心三区をはじめとして家賃利回りが落ちているということです。日本も不動産の値段が上がりすぎていた。チャイナマネーの流入によって、日本のいわゆる都心三区、港、中央、千代田の不動産価格がここ二、三年で三割四割増しの強気相場をつくってきた。けれどもこれが去年の一〇月ぐらいから、下落はしないけれども高止まり状態で、若干落ちているところもではじめた。新築マンションだけで見たら、六〇〇〇万クラスのものが、中央区でいうと一億二〇〇〇万ぐらいつけたのがいま一億円ほどに戻っています。もっとも、その程度だから、日本の不動産屋も慣れきっていて、日本においてはバブル崩壊の影響はそれほどでないと思います。ただし日本でも家賃利回りがでなくなりはじめているので、それがリスクですよね。

宮崎　文京区でも六〇〇〇万、七〇〇〇万は当たり前の値段になっている。最近ちょっと感じるのは新聞の不動産の折り込み広告が往時の半分くらいに減った。

渡邉　確かにマンションを売りませんかという広告がポストに大量に入っていたのですが、それがなくなった。つまり、中古不動産がいまはなかなか動きづらくなってきている。これは不動産バブルが落ち着くことを意味するんだと思うんです。ただし、東京に関してはオリンピックまでの間は、それほど急激な落ち込みはないだろうと見る向きが多いようです。

宮崎　かなり楽観的ですか。

渡邉　二割ぐらいの調整は必然的にありますが、もともと価格が安かった面がありますので。

宮崎　いや国際基準にすれば日本の不動産価格は安いですよ。東京のマンション、北京の半値ですから。香港の半値以下じゃない？

渡邉　上海の三分の一、四分の一ですからね、ありえない安さです。日本の場合、デフレが行き過ぎてしまっていた。

宮崎　デフレというのは名目賃金が上がらなくても、企業が社員に払う実質賃金は上がるから、そういうなかで賃金を上げるのは相当な無理が生じているわけです。

伸び悩む農業、縮小の航空、壊滅のシェール

宮崎　アメリカの話に戻すと、金利はまだほぼ横ばいでしょう。消費だってそれほど伸びているわけじゃない。新車の販売速報を見ても歴然としています。軍需産業が伸びているのはまあいいとして、アメリカの最有力輸出産品である農業は、世界的景気低迷によって伸び悩んでいる。もう一つ悪いのはやっぱりシェールガスでしょう。日本も投資しましたがさっぱりダメですね。

渡邉　シェールはもう終わっているといっていいと思います。というのも、シェールガスというのは既存の産油ビジネスモデルとはまったく違っているからです。既存の産油モデ

ルは、大金をはたいて井戸を掘って自噴させる。シェールの場合は頁岩《けつがん》と呼ばれる堆積岩《たいせきがん》の層を掘削し続けなければならないため、いつまでもお金がかかり続けてしまう。逆にいうといつでも中断できるからやめるのも早い。シェールに関しては新規の発掘はいまほとんどしていない、野ざらし状態です。

宮崎　日本でいうと三井、三菱、伊藤忠と大手商社全部が一〇〇〇億単位で損をしています。商社だからできるのであって、普通の企業だったら、とうにつぶれている。

その見通しでいうと、シェールはもう頭打ち。大規模な戦争でも起きない限り、軍需産業だって、そんなに伸びない。航空機はまだまだ発展の余地がありますが、農業も不安が多すぎる。残るアメリカの産業はやはり国内の住宅しかない。

渡邉　そのアメリカの航空機にしても、中国の景気悪化により観光客が減って、すでに予定されていた航路の縮小が起きている。A380というエアバスがつくった巨大飛行機も生産中止です。航空機の大型化もこれで終わるでしょうね。アメリカ自身がいま考えているのは、鉄道網をもう一度引き直そうとしていることです。

宮崎　そういえば、米西部ロス―ラスベガスで計画していた中国の高速鉄道が合弁解消になりましたね。はたして鉄道網にしても、これから進むのかどうか。

アメリカで歓迎される日本企業、追いだされる中国企業

渡邉　前述したように内需の拡大、国内への生産回帰というのが、トランプやサンダースの主張です。たとえば、アメリカの自動車産業はNAFTA諸国、あるいはメキシコを生産地にしていて、ビッグスリーの自動車はアメリカ国内でつくっていない。一所懸命アメリカ国内で自動車をつくっているのは、じつは日本メーカーです。

この非常に歪んだ構造を改善し、ビッグスリーに国内で生産するよう回帰させようとしています。アメリカ自身が、グローバル・サプライチェーンから現地調達にいまかえようとしている。アメリカ国内から調達して、アメリカを最終組み立て地として選択した企業には、内国投資条項など税制上の優遇措置を与える方針です。

宮崎　ロスーラスベガスの高速鉄道の合弁解消の理由も同じですね。アメリカ政府が「高速鉄道車両、ならびに部品、関連施設は米国内での生産に限定する」と規制したからです。

渡邉　日系企業の場合、日立も日本車両もそうですが、すでにアメリカに工場を持っている。アメリカ国内で部品も調達している。現地との調和性があるからアメリカや世界中から日本企業は好かれているのです。

たとえばイギリスでも日本の自動車産業が進出していますが、そこで大きな核になっている理由は、日本勢は部品会社まで連れて行き、現地でいわゆるトヨタの「ジャスト・イ

ン・タイム」（「必要なものを、必要なときに、必要なだけ」生産すること）方式でモノをつくっていくので、生産基盤ができるからです。だからトヨタがプリウス問題で叩かれたときも最後にトヨタを救ったのは、その地域のアメリカの議員たちでした。という具合に、日本企業の進出を求める国はこれからも増えていくと思います。

したがって、中国型のような、従業員までまるごと輸出し現地と軋轢《あつれき》を起こすようなやり方は、今後ますます難しくなるでしょう。日本では最終組み立て地は最終消費地に近いところに移動をはじめている。これまでだったら、中国や韓国などの賃金の安い第三国でつくらせて輸出していたものを、消費地であるアメリカやヨーロッパ圏内に、生産基盤をつくるように方針をかえた。

宮崎　結局そうしないと企業は生き延びられないからでしょう。中国を見ても人件費が安いというメリットはもう完全になくなっている。この一〇年で中国の賃金はなんと四倍上がっていますからね。

それともう一つ、米中貿易摩擦が激化すれば、いきなり報復関税をかけ合う可能性が高い。そういうリスクを考えても生産国を分散するべきでしょうね。

渡邉　中国の鉄鋼の過剰生産は二〇〇％以上でしょう。アルミもそうです。それをダンピング輸出することで、世界の鉄鋼の市場価格が暴落しています。いわばデフレを輸出しているようなものです。

　それに対抗するために、アメリカは中国の鉄鋼メーカーに対して五二二％の輸入関税を課すと勧告し、同様にヨーロッパもＷＴＯ（世界貿易機関）に提訴して中国からの輸出のシャットダウンをかけはじめています。日本でも家電など一部は国内生産に戻しだし、最終組み立てを先進国に移す動きがでてきています。

解放軍の関与の疑いが排除の理由

宮崎　アメリカの自動車の動きはだいたいわかりましたが、スマホ、ＩＴ関連はどうなると思いますか？
渡邉　ＩＴ関連にしても、自動車産業と同様に国内に戻す動きがすでにではじめております。Foxconn（フォックスコン）という、iPhoneなどを組み立てている会社がありますが、ここはアメリカやカナダにも工場を持っています。現在フォックスコンは大量の産業用ロボットの自社開発を進めており、工場の無人化に向けて動きはじめています。そうなると、世界中どこでつくっても同じということになるわけです。
　通信においては、中国系の通信チップメーカーであるファーウェイと、中興通訊（ＺＴＥ）の二社、それとアメリカのメーカーであるクアルコムという三社がシェアを争う構図ですが、ドイツやインドのようにアメリカも中国系の二社に関しては、中国人民解放軍が関与しているということで、ＣＰＵとか基地局を使用することを拒否しています。
ソフトバンクが、アメリカの通信会社スプリント・コーポレーションを買収する際にも、その二社のチップや機器を使用していたことが危険視され、中国製品の排除が買収の条件にされたこともありました。このように、アメリカは通信チップなどの分野では、関税以外にもサイバー攻撃を理由に、非関税障壁を組み込んだルールをつくっています。

宮崎　ＺＴＥとファーウェイは日本でも売っているのに、アメリカがそのルールを日本に押し付けてこないのが不思議だと思っていました。

渡邉　いや、確かに今後はアメリカが、同盟国にそれを求めてくる可能性はあると思います。ＺＴＥとファーウェイはインドですら使えなくなってきていますから。

宮崎　レノボが富士通のパソコン部門を買収しますが、日本では安全保障上の脅威だとする議論はなかった。事実上中国（鴻海は台湾本社といっても主力工場は中国）に買収されたシャープにしても、効率経営の観点だけで、報じられました。

アメリカは中国よりも日本企業の実力を恐れていた

渡邉　中国の国有企業・中国化工集団がスイスの農薬世界大手、シンジェンタを買収したのが大きな話題になりました。買収額は四三〇〇億ドル（約五兆一六〇〇億円）以上で中国企業による海外買収では過去最大です。

アメリカも種メーカーはＦ１種（Filial 1 hybrid）という種がいま中心です。Ｆ１種というのは世代交配しないため、実った作物から種が取れない。そのため、種を買い続けなければならないという、いやらしいビジネスモデルをつくりあげています。これが世界の現状で、Ｆ１種の導入を、アメリカは日本にもこれからもどんどん求めてくる。

宮崎　もう一つアメリカが問題なのは、中国の競争力を封じ込めていないことです。アメリカは日本に対してはレーガン政権のときの「ヤングレポート」（一九八五年、アメリカ産業競争委員会がまとめたレポート。委員長の名をとってヤングレポートと呼ぶ）のように、強くなり過ぎた日本を抑えるために、ＩＴ産業は韓国を支援して韓国の産業を向上させた。日本つぶしという、アメリカの露骨な意図がありました。

中国の脅威に対してアメリカは抑えにかかってはいても、ヤングレポートのような動きがまだない。ということは産業競争という意味では、中国をまだアメリカはそれほど脅威視していない証拠でしょう。

渡邉　結局、日本との大きな違いで、中国のビジネスモデルは、いまだに組み立てから脱却できてないからです。日本は、開発基幹部品まで含めて、オンリージャパンをつくりあげ、アメリカ企業を脅かしていましたが、中国にはそれがない。最高速のコンピューターをつくったといっても、実際はほとんどが「モンキーモデル」、劣化コピーにすぎません。

そういうことをアメリカ人はよく理解している。したがって、中国へは特許侵害など知的財産権で縛りつけています。

2016年1〜6月の中国企業による大型M&A

企業名（発表時期）	買収対象（業種）	金額（億ドル）
中国化工集団（2月）	スイス・シンジェスタ（農薬）	466
騰訊控股（6月）	フィンランド・スーパーセル（ゲーム開発）	86
天津天海投資発展（2月）	米イングラム・マイクロ（IT機器販売）	63
海爾集団（1月）	米GEの家電事業	56
美的集団（5月）	独クーカ（産業ロボット）	45

（注）米トムソン・ロイターが集計、発表ベース交渉中の案件含む

特許「先発明主義」の悪用で荒稼ぎするアメリカ

宮崎　日本もアメリカが、先発明主義を悪用した、サブマリン特許（出願してから長い間存在が公開されず、その技術が普及した時点で成立する特許のこと）でずいぶん苦しめられました。アメリカ以外の国は先に出願したほうに特許を与える先願主義ですが、アメリカは先発明主義といって、特許の申請をだしていなくても、先に発明したことが証明されれば、特許として認めるという制度だった。それを悪用して、日本企業が先につくったのに特許侵害だと難癖をつけ、ごっそり特許料を持っていくという、汚い商売が成立していました。

オバマ政権は国際基準の先願主義に改正し、二〇一三年三月十六日から施行されていますが、それ以前に提出された特許は適用外なので、あいかわらずサブマリン特許の懸念は残ったままです。

渡邉　日本企業もアメリカ企業も特許をとらず、技術保護という観点からあえてブラックボックスにしているケースもありますね。なぜかというと特許出願してしまうと他社に技術を見られてしまうから。中国などその専門部隊がいるくらいで、特許の出願書類を調べて勝手にコピーする。

宮崎　日本では申請したら一八カ月後に特許公報で全部情報公開する。中国人はでた瞬間に片っ端から中国語に訳しますからね。軍事技術に関しても日本は全部公開してしまうから問題です。

日本の一流企業は本当に重要な技術は周辺特許で本丸を囲い込み、公開しませんが、そういう手間暇《てまひま》をかけられない中小企業で、突然ものすごい発明をするような会社があるから困ります。

渡邉　周辺特許もそうですが、もう一つの技術保護の方法は、最初は任天堂がはじめたことですが、商標登録です。たとえば、キヤノンはインクカートリッジの形状を商標にする。特許と違って有効期間がないので、保護ができるのです。

ウォール街の株高は実体経済と乖離

宮崎　これまで見てきたように、アメリカの景気はそれほどよくはなっていない。ところが、ウォール街でアメリカ株は高値で取引されています。

渡邉　アメリカがリーマンショック直後の、二〇〇八年十一月から二〇一〇年六月までに一・七兆ドルもの長期国債を買い入れるQE1、同年十一月に長期債を六〇〇〇億ドルを買い入れるQE2、そして一二年九月からMBS（住宅ローン担保証券）を、二〇一三年一月から長期債をあわせて月間八五〇億ドル買い入れるQE3により、世界中にドルが分散していた。そのアメリカが量的緩和政策を終了し、FRBの利上げ観測が高まることにより、今度はアメリカ国内にドルが戻りはじめている。

投資家も銀行もそれを短期でもなんでも、運用し続けなければ仕事にならないから、資金の多くが株式市場を中心に流入しているというのが、株高の構図です。

宮崎　なにしろ、実体経済と乖離《かいり》した株価が形成されているわけですね。

渡邉　ただ実体経済も雇用状況などを見る限り、緩やかに伸びてはいます。株価とはまだ乖離しているかもしれないけれども、国内回帰政策により実体経済も回復してきてはいるのです。

宮崎　ダウ工業株三〇種平均は八月十一日に史上最高値一万八六三八・三四ドルを記録し

ました。いくらなんでもウォール街の回復は速度といい、幅といい、実体経済と乖離しています。

それともう一つ、疑問なのはダウ工業株三〇種といってもアップルやディズニー、マクドナルドなど三〇銘柄にすぎない。NYダウが誕生した一八九六年からかわらず残っているのは、GE（ゼネラル・エレクトリック）のみで、選定銘柄はかわる。どうもそのあたりにカラクリが潜んでいるような気がしないでもない。

渡邉　選択する銘柄によって当然かわってきますからね。その際には、指標としてズレがないように独自の計算方法で調整しているとのことですが。

宮崎　いずれにせよ、アメリカの利上げは世界経済にとって迷惑なことこの上ありませんね。

利上げが人民元安を加速させる

宮崎　問題の多いFRBの利上げにより中国へ及ぼす影響力です。人民元安がますます加速する。中国からごっそりと外貨が逃げる。

渡邉　逆にいえばアメリカは利上げを武器にして中国を牽制《けんせい》することができるわけです。リーマンショック以降、ゴールドマン・サックス、バンク・オブ・アメリカ、レブロン、ヤフー、マイクロソフトと中国からのアメリカ企業の撤退が進んでいるので、アメリカ経済への影響も低下傾向にあります。

宮崎　ただ中国商務部によると、二〇一六年一～六月の世界の対中直接投資は前年同期比一・五％増の六九四億ドル（約七兆三五〇〇億円）で、アメリカ単独だと二・四倍と大幅に伸びています（『日経新聞』七月十九日）。これは、アメリカ政府の意向とグローバル企業の意思が必ずしも一致するわけではないからです。

一方、わが国の対中投資は一四・四％減っていますから、アメリカに比べると賢明といえるのではありませんか。

第三章　トルコ政変で世界はゲームチェンジ

ペトロダラー基軸通貨体制の地殻変動

宮崎　アメリカ経済をめぐるもう一つの問題は、いわゆるブレトンウッズ体制、ペトロダラー（オイルマネー）によるドル基軸通貨体制の地殻変動です。もちろんこの体制が早晩終わるとは思いませんが、ペトロダラーに異変が起きていることは間違いありません。

少し遡ると、九一年の湾岸戦争の大きな理由はイラクのサダム・フセインが石油決済をユーロでやろうとしたのがアメリカの逆鱗《げきりん》にふれた。それからリビアの指導者で反政府軍に殺害されたカダフィーも、石油取引にドル以外の通貨を使用することを提唱していました。

そして去年（二〇一五年）の七月です。アメリカなどが突如イランの核開発問題における制裁の解除に合意した。同盟国のサウジならびにイスラエルの猛反発を受けてまでもです。

表向きの理由はともかくとして、アメリカはかなり焦っていたのではないか。というのも、皮肉なことに経済制裁されていたイランは、取引相手のトルコやロシア、インド、中国、韓国等と必然的に石油の決済をドル以外のものでするほかなかった。つまり、アメリカは自らペトロダラー体制を崩す羽目に陥ったわけです。ゴールド（金塊）との物々交換、バーター取引とあたかも原始貿易の様相でした。

具体的にいいますと、トルコはイランからの石油輸入代金をアンカラのイラン大使館にトルコリラで支払い、イランは金塊に換えていた。インドもそうして決済をしていたのです。

したがって、ドル基軸通貨体制を維持するためにもイランと和解する必要が生じたからと解釈すれば謎が氷解する。

アメリカから離れるサウジに手を伸ばすロシア

宮崎　もう一つの大きな問題はサウジです。もともとドル基軸体制を支えていたのは世界最大の産油国であるサウジが、すべての石油取引をドル決済で行うというニクソン政権との密約のもとにあった。

九月二十八日にようやくOPEC（石油輸出機構）が原油減産で合意にいたりましたが、これはサウジがイランへの態度を軟化させたことによります。逆にいえば、それだけサウジは追いつめられていた。一六年予算は九兆円の財政赤字に陥る見通しで、国営石油会社のサウジアラムコの株式上場までせざるをえなくなった。しかもサウジのムハンマド副皇太子はロシアに何度も行っています。サウジがドル基軸体制から離れるような、そういう動きを見せたというのは大変なことです。

一方、米国も米会議でサウジが九・一一へ関与したことを想定し、損害賠償を求める法律を成立させました。サウジがそれを牽制し、保有する米国債など七五〇〇億ドル（七五兆円）分の資産の売却を示唆していたにもかかわらずです。さらに米国はサウジのイエメン空爆に対しても批判を加えています。

問題はこの先これがどう動くか。とどのつまりは、ドル基軸というのはいまでも相当な挑戦を受けていますが、はたしてかわしきれるかどうか。

渡邉　産油国の通貨というのは、アメリカの金利と同一にする金利連動型のドルペッグで、ドルを支えていたというのも確かなんですよね。

サウジに関してはバンダル皇太子がアルカイダの支援をしていたこともあり、表向きはともかく、アメリカ依存から距離を少し取りはじめている現状はあるかと思います。
アラブ首長国連邦など周辺国に関しても、アメリカとの距離感が微妙に違いはじめているのですが、だからといって中東が独立した経済体をつくれる状況にないのも、また事実です。
いってみれば、ただ湧《わ》いて出てくる石油で飯を食っているだけの話で、王族だといったところで、実態は温泉宿の主人のようなものですから。
宮崎 だから常識的に考えれば、減産調整をして、原油価格を上げればすむことなのに、合意にいたるまで遅すぎたのが、不思議でしょうがなかった。
渡邉 ただ、OPECはまとまっても問題はロシアがどこまで増産凍結に応じるか。
宮崎 トルコのクーデター未遂事件が起きて以降、ロシアは今後の原油生産に政治的圧力をかけていましたからね。したがって、原油価格の上昇が見えてきたのではないですか。現実に十月十日の原油相場は一時一バレル＝五三ドル台と一年ぶりの高値まで回復しています。プーチンは十月にトルコへ行き、減産に合意するといっています。

トルコクーデターで中東のパワーゲームが一変

宮崎 トルコのクーデター未遂以降、中東情勢が一変したと思うので、次にこの問題を見ていきたいと思います。

トルコがクーデターを撃退したときにアメリカならびにヨーロッパは、民主主義を守ったということで、当初はエルドアンを支持するといっていた。ところがエルドアンが八万六〇〇〇人からの反対派の粛清を始めると、それは行き過ぎだ、非民主主義だと、アメリカはくるっと背を向けたでしょう。それにEUに入れてやるようなポーズをとっていたヨーロッパも追随した。エルドアンも重々わかったんだよね。欧米はまったくわれわれを仲間にする気はないなと。

繰り返しますが、アメリカは「敵と味方を間違える天才」なのです（笑）。

渡邉　ご都合主義ですからね。

宮崎　それでロシアとの関係修復に突然方針をかえた。そしてなにが起きたかというと、中東のパワーゲームが一変した。つまり、シリア内紛とISをめぐる戦いのなかでアサド政権を支援していたのはロシアとシーア派のイランで、トルコはアサド政権をつぶそうとしていたでしょう。まずこれが基本的な構図ですが、トルコは表向きISに反対だといいながら、じつは裏で支援をしていた。

これまでの中東問題というのは、イスラエル対パレスチナの一幕だった。いまの中東問題はすっかりその幕が下りてイスラエルとパレスチナなんか最早どうでもいい、もともとジャーナリズムの過剰報道だったわけで、地域限定なのですから。そういう問題だった。それでいま二幕目を迎えた。その幕間はなにかというと、イラン制裁をめぐるアメリカの立場変更。核合意によってイスラエルとサウジアラビアがアメリカから距離を置きはじめたと。

ここでもう一つ注目すべき点はアメリカ国内におけるイスラエルロビーの発言力の急激な低下です。これまではイスラエルロビーの要求は全部通ってきたのにアメリカとイランの核合意においてイスラエルロビーの神通力がきかなくなった。じつはこれは、アメリカ政府における大変化の一つですよ。つまりＡＩＰＡＣ（アメリカ・イスラエル公共問題委員会）という最大最強のイスラエルロビーがあって、もう一つ大きいロビーというのは公務員の横の連絡組織ですけれどね、三番目が軍人恩給みたいな在郷軍人会でしょう。四番目が全米ライフル協会。なにしろナンバー2のロビイストが議会工作をやっても、ついにダメだった。イスラエルはこれによってアメリカに対する依存度を少し減らし、その分、ロシアにバランスを預けるようになった。

ロシアに近づくもう一つの理由は、イスラエルはじつは沖合で石油とガスがでたのですがイスラエルは発掘技術を持っていないので、ロシアに頼る。それから流通もロシアの流通網を使う。ものすごく複雑な要素が絡んでいるわけですよ。

また一幕目の基本構造であったペルシャの勃興《ぼっこう》を狙うイランか、それともアメリカと蜜月《みつげつ》を演じるサウジアラビアが主導権を握るのか、という図式にも変化が生じた。サウジはバーレーンに飛び火しようとしたアラブの春に対し、アメリカが何もしなかったことに怒った。そもそもアラブの春を仕掛けたのはアメリカであって、サウジの意図とは正反対の方向に傾くアメリカから距離をとり、ロシアに傾斜した。

そこに起きたのがトルコの政変だった。エルドアン政権になって顕著なのは、建国の父アタテュルク以来、世俗国家で政教分離だったトルコの基本姿勢が向きをかえて、急速なイスラム化です。トルコは確か八四ある、大学のキャンパス内にモスクをつくった。それでイスラム教育をやりはじめた。というのは、これで完全に西側に背を向けました。そして邪魔なシリア難民をどんどんヨーロッパに流した。

八月九日にはプーチンが呼びつけた格好になりましたが、エルドアンはサンクトペテルブルクで会談をした。ロシア軍機撃墜事件以来険悪だったトルコとロシアが突然和解したわけです。これが中東におけるゲームチェンジ、二幕目が上がった。今後どうなるか、これは大問題ですよ。

大国をめざすトルコとロシア

渡邉　歴史的に見ればトルコ成敗の原則で、中東で問題が起きたときに全部トルコのせいにするというのが、いままでのヨーロッパの紛争解決法でした。全部トルコに押し付ける。ヨーロッパ人にとっての一番の屈辱というのはオスマントルコの歴史で、白人国家であるはずのヨーロッパ大陸を支配したのが、アジア系のトルコ人だったことです。そこがヨーロッパの人たちにとってのトラウマなので、ヨーロッパの歴史のなかの黒歴史として、あえてなかったことにしているわけです。その反動としてトルコ成敗の原則ということになってきたわけですが、トルコという国はアジア、ヨーロッパ、中東をつなぐ核のような位置にあり、交易国として発展してきた経緯があります。簡単にいえば商売人国家であり、非常にこすっからい側面もあるわけです。二重国籍の蓮舫さんじゃないですが、イソップ童話のコウモリのように卑怯《ひきょう》という位置にいて、信用されていない。たぶんトルコのほうも欧州を信用していないんでしょうが。

ロシアがどうなるかというのはわかりませんが、一ついえるのは、ロシアで唯一の欠点はプーチンが強すぎるということでしょう。それゆえ、ポストプーチンがいない。アメリカとか他の国とロシアの最大の違いというのは、ロシアの強みであることが一番の弱みで、政治からすべての権力をプーチンが握っていて、プーチンと話せば物事が進んでいたのを、プーチンが死んだらどうするのということなんですよね。ここに対する回答は、たぶんロシア人自身もだせていない。プーチンが大帝になって歴史が長すぎてしまうので。

宮崎　イワンにせよ、ピョートル大帝にせよ、亡きあとはどうするかっていうことをちゃんと奥さんが治めたように、それはなんとかなるとは思います。それより、いまのご指摘のなかで、ヨーロッパがなぜトルコを嫌うか。ハプスブルク家（神聖ローマ帝国、オーストリア帝国の皇帝家。ヨーロッパ随一の由緒と威信を誇った）をつぶしたのはオスマントルコですから。イタリアの目の前ぐらいまでオスマントルコは行っている。バルカン半島など完全に蹂躙《じゅうりん》しちゃった。ブルガリア、ルーマニアからその先まで。それに対する恨みは残っているけれども、その前の恨みを忘れているのがおかしい、チンギスハンのことを忘れている。ロシアとイギリスはオスマントルコと戦争して勝ったからこの二国はトルコに対する恨みはなにもない。ただロシアが意識するのはやはりタタールのくびき、チンギスハンが一番怖いんですよ。

話を戻しますと、しかしあのオスマントルコがこれだけちっぽけな国になってしまった。だからエルドアンの野望はオスマントルコ帝国の復活です。それは昔の領土を奪い返すという意味ではなくて、政治的影響力を全域にもう一度復活させたい、というのがトルコでしょうから、これからますます衝突は起きるでしょう。それにトルコがいったい耐えられるかどうか。トルコは人口七〇〇〇万人で、人口としては申し分がないけれども、半面ドイツへ出稼ぎに三〇〇万人ぐらいでているように、相当外国に出稼ぎに行っています。

それから中東で一番強いといわれていたトルコ軍が今度のクーデターによって反対派がでていき、士気（モラル）の再建をできるかどうかという、大きな問題に直面すると思います。軍人の士気の高さは兵器システムの劣悪さをカバーしますからね。

イラン＝アサド＝ロシアラインにトルコとイスラエルが加わる？

宮崎　もう一つ、つけ加えますと、イスラエルとトルコの関係も正常化されつつあります。もともとなんで両国の関係が悪化したかというと、ガザ支援船拿捕《だほ》事件（二〇一〇年五月）が切っ掛けです。イスラエルの封鎖が続くパレスチナ自治区ガザに支援物資を届けようとしたトルコ人の人権活動家ら一〇人が、イスラエル軍の強行突入により死亡した。トルコはイスラエルに謝罪や賠償、ガザの封鎖解除を求めましたが、イスラエル側が反発し、国交断絶に近い状態になっていたんですね。それまでは両国は非常に仲が良かった。トルコ空軍を訓練していたのはイスラエル空軍ですから。イスラエルのミサイルだってかなりのものがいっていた。
イスラエルの有力紙ハアレツによると、和解案は以下のようです。①トルコが事件に関するすべての訴訟を取り下げる②イスラエルが遺族への補償基金に二〇〇〇万ドル（約二〇億円）を払う③互いに召還していた大使をふたたび任命する。

ガザの封鎖解除は含まないものの、トルコが支援物資をイスラエル経由でガザに運び、病院や発電所を建設することも認めるとのことです。

トルコ＝イスラエル関係が復活し、トルコ＝ロシア関係が復活する。つまりイラン＝アサド＝ロシアという枢軸にトルコが加わる可能性がある。正式加盟じゃないとしても、中東はますますややこしいことになるだろうな、と思います。

ＩＳとトルコは蜜月から対立へ

渡邉　ＩＳの動向を見ても、いままではキリスト教徒をターゲットにしていたのが、イスラム教の他の宗派、シーア派等も攻撃対象にしはじめています。キリスト対イスラムという単純な構図から非常に複雑怪奇な構図にかかわりつつあるというのが中東からアジアという地域構成なのでしょうね。

宮崎　逆にいうとトルコは、いままでＩＳからの攻撃を受けていなかった。ＩＳによる最初の人質事件（二〇一四年六月）は、イラクのトルコ領事館にいたトルコ人たちでしたが、トルコがなんらかの密約をしたらしく、全員無事に帰国できた。これまでＩＳはトルコを攻撃してこなかったんですよ。

　最大の理由はなにかというと、ＩＳが密輸していた石油を運んでいたのはトルコのトラック部隊だったからです。大統領一族の利権だった。それをロシアがシリアに入ってきて、石油を運んでいたトラック二〇〇〇台のうち、一五〇〇台をロシアがぶっつぶした。ロシア軍機撃墜事件の動機はそこにあるように、エルドアンのロシアに対する恨みは半端ではない。

　ところがＩＳをトルコが敵にしたとたん、アンカラで、イスタンブールでテロが起きはじめた。トルコのような治安のよい国がテロにものすごく脆弱《ぜいじゃく》な国になってしまった。これはエルドアンにとって計算外の衝撃だった。

　一六年六月二十八日に起きたイスタンブールのアタテュルク国際空港での自爆テロ事件は死者四五人、負傷者二三八人に上りましたが、実行犯はＩＳのチェチェン部隊なんですよね。ＩＳのなかの一番凶暴なのはチェチェンの残党たちで、まさしく無慈悲な人殺しをなんとも思っていない。

ＩＳはイスラムではなく、テロリストのフランチャイズ

渡邉　ＩＳは世界中のテロリストがフランチャイズで、看板掲げてやっているというのが

現状なのではないでしょうか。宗教的な帰属などないように見えます。イデオロギーよりも不満分子による破壊活動、アナーキズムとある意味一致するのですが、そういう人たちが先進国においてもどんどん増加している状況です。

日本でもかつての日本赤軍が中東との関係を深め、一部過激派などがそのつながりを利用しているといわれています。北海道大学の大学生がＩＳに加わろうとしたり、筑波大の助教授が殺される（悪魔の詩訳者殺人事件）という事件が起きており、他人事ではありません。各国のテロリストたちがＩＳの看板で活動をはじめているため、世界的に不安定化する要素がものすごく強くなっている。半面、それを取り締まる動きも強くなる。これはパナマ文書とも連携していて、いわゆるテロとの戦いと租税回避をまとめてやっているのがファトフ（ＦＡＴＦ：Financial Action Task Force on Money Laundering）という国際組織です。もともとこの組織は石油、マリファナなどのマネーロンダリング対策を行っていましたが、九・一一以降テロとの戦いということで、国際的な送金システムをコントロールする組織にかわったんです。パリの経済協力開発機構（ＯＥＣＤ）内に事務局を置いていますが、ＯＥＣＤとは別の独立した組織で世界の主要三五カ国・地域と二国際機関が加盟しています（二〇一六年十月時点）。

アメリカにおいては国家安全保障局（ＮＳＡ）が監督しておりＦＢＩもＣＩＡも入って

います。ＦＡＴＦという国際組織においてマイナンバーという制度もそうだし、世界中のパスポートコントロール、資金コントロールをいま一元化して行おうとしている。

宮崎　パスポートコントロールに至ってはいますごいことになっていますね。先進国じゃないような国でも、パスポートコントロールだけは整備されている。九月にウズベキスタンとトルクメニスタンを廻ったのですが、辺境の国境検問所でも、コンピューターだけは最新でした。

ＥＵ崩壊、中東激変で台頭するロシア

宮崎　ここで国際情勢をより大局から眺め直してみれば、イギリスがＥＵをでたことにより、オセロゲームでいえばポジションがガラガラッとかわり、ＥＵは崩壊が見えはじめた。中東でも相関図が激変した。すると結局一番得をしたのは誰か。ロシアです。

このロシアの復活は日本と世界にとって悪夢なのか。それとも爽《さわ》やかで良いことなのか（笑）。世界経済を絡めて、ロシアのポジションがどうなるのかを議論していきましょう。そこで、これまで話してきたことも含めて、昨秋（一五年）のシリア空爆以来のロシアの動向を改めて整理したいと思います。

第一にシリア問題において、米国、ＥＵを脇に、ロシアが主導権を握った。トルコは米

軍の補完をしているが、ＥＵ諸国の空爆は、どことなく消極的となっている。

第二に前述したようにイスラエルとサウジアラビアが米国からの離反を強め、モスクワへ近づいている。サウジアラビアはとりわけ反米路線に急傾斜していることは要注意。

第三はウクライナ問題で、ポロシェンコ政権が迫力を欠き、ＥＵの一部はロシア制裁解除へ向かっている。ロシアはウクライナ東部の武装勢力へのテコ入れをやめていない。

第四がトルコとの関係の劇的な改善で、述べてきたとおりの展開です。

ロシア空軍機撃墜事件で両国関係は冷却しましたが、クーデター失敗以後のトルコは、欧米の人権批判に態度を硬化し、エルドアン政権はモスクワへ近づいた。これも欧米外交の失敗です。トルコは対ロシア、ＮＡＴＯの要です。

第五がイランとロシアの同盟関係の深化、すなわちシリア空爆に際して、ロシアは長距離爆撃機をイランの基地から発進させたように、イラン軍事基地の一部をロシアが使用しはじめていること。交換条件として、イランへの高性能武器供与が行われている模様ですね。

第六にロシアは南シナ海における中国の侵略行為を容認しているばかりか、中ロは共同軍事演習まで展開したこと。他方でプーチンはにやにや笑いながら、安倍首相との個人的関係を強め、師走には訪日が決まった。

第七に中央アジアにおいて主導権の回復にめざましく動きはじめ、ウズベキスタンのカリモフ大統領死去に際してプーチンは、すばやくサマルカンドに駆けつけて弔問している。第八はバルカン半島での失地回復に動き出し、ギリシャに巨大投資を持ちかけ、セルビアにロシア軍駐屯を打診し、またスロベニアとの提携強化などに努めている。

第九にバルト三国への見えない動きが表面化しはじめた。

特にエストニアに残るロシアコミュニティ救済を名目に、クリミアで行ったような軍事作戦が模索されている（英語版『プラウダ』九月十五日）。

ロシアはバルト三国を拠点としてガス輸送を二〇一八年には閉鎖しようとし、NATOへ寝返ったバルト三国にエネルギー戦略を搦《から》めての報復作戦にでる気配が濃厚になってきています。

第一〇は対米関係において、プーチンの指導力はオバマの優柔不断と比較され、トランプはプーチンを称賛している。また民主党の選挙本部へハッカーをしかけて、機密情報を暴露して民主党の選挙戦略を攪乱《かくらん》するなど、大統領選挙に間接介入をしていることも問題でしょう。

渡邉　十二月のプーチン訪日が予定されていますが、それにあわせ、北方領土問題が徐々にクローズアップされはじめています。ここでプーチンと安倍総理の間でなんらかの合意がでるのではないかと期待が高まっています。日露間での最大の問題といえば北方領土問題ですが、プーチンが北方領土に対して領有権を認めるのではないかとの憶測が官邸筋から聞こえはじめています。

また、相対するアメリカ側も日露の新たな枠組み構築に対して、以前ほどのアレルギーはなくなりはじめているのもプラス材料です。ロシアとしては、日本からの資金と技術がほしいのは間違いなく、日本としても、北朝鮮や中国の現状を考えた場合、安全保障において、ロシアの位置づけは非常に重要なわけです。ここで、四島の領有権をロシアが認め日本とロシアの安全保障条約を結ぶことができれば、安倍政権としては大成功といえるのでしょう。

ただし、北方領土には、すでにロシア人が約一万七〇〇〇人住んでおり、彼らの資産があるのも間違いなく、これを日本側が一方的に奪うことができないのも事実です。げんに住むロシア人の扱いも大きな問題となるでしょう。

ですから、当面は日本の領有権だけを認めてもらい、日本の領海となった沿岸海域における漁業の自由を認めさせるのが、精一杯なのではないでしょうか。これが中国やロシアのような共産圏や共産圏に類似した国であれば、一方的に住人たちを追い出すことも可能でしょうが、日本がそれをすることは難しいのではないかと思われます。

日本はロシアを利用できる

宮崎　日本から見るとロシアは遠いように思われていますが、カムチャツカや樺太《からふと》で隣接しているわけだし、ロシアから輸入する天然ガスは約一〇%のシェアです。ロシア国営のガスプロムの副社長は極東サハリンから日本に天然ガスをパイプラインで供給する検討もはじめ（『日経新聞』九月二六日）、経済的な結びつきは進展しています。また安倍政権は対露重視の方針を示してますが、安全保障上からも、強大な敵国である中国を抑えるうえで、ロシアの存在は重要です。

渡邉　中国も北朝鮮もロシアは抑えることができますからね。

宮崎　その観点からすると、インドも重要で、南アジアにおいて中国を牽制してくれる、バランサーの役割をはたしてくれています。ただ、世界経済全体にとってみると、ロシアはどういうポジションになりますか？

渡邉　ロシアは信頼できないということが信頼できる国なので、日本も利用価値があれば徹底的に利用すればいいだけだと思います。もちろん、サハリン2のときのように突如ひっくりかえされるリスクは念頭においておいたほうがいいでしょう。

　また、世界経済においていえば、ロシアはいわゆる資源国で新興国でしかない。この先、先進国になる可能性というのはロシアに関しては限りなく低い。

宮崎　ゼロに近い（笑）。モスクワやサンクトペテルブルクなどは、摩天楼が林立する近代都市ですが、地方から辺境へ行くと、まだまだ掘っ立て小屋ばかり。

渡邉　資源国であり農業国なわけで、特に軍事的な衝突が生じないのであれば、敵対する必要もないと、世界中が同じようなことを考えているとは思います。イスラムにとっても敵対しても意味がないだろうし、アメリカもある意味、ロシアとは「トムとジェリー」のような出来レースをやってきたような側面もありますから。

宮崎　ただアメリカはオバマ政権が完全にロシアを敵視し、これがNATO（北大西洋条約機構）における東方拡大政策に結びついているわけです。つまり旧ワルシャワ条約機構の、ポーランドみたいな反ソ連的な国はともかく、ブルガリア、ルーマニアという国までNATOに入って、しかも最新鋭のミサイルを配備するとなるとロシアからすれば約束が違う。もともとワルシャワ条約機構を解体する条件にはNATOはこれ以上東方を拡大しないという密約のもとに、ロシアは兵を引き上げたわけですから。これは西側の裏切りだとロシアがとらえても無理もない。

ロシアに石油とガスを握られているドイツと東欧

宮崎　次に経済的な問題でいうと、日本からは遠いのでよくわからないとは思いますし、ヨーロッパでもイタリア、フランスは関係がありませんが、旧東ヨーロッパからドイツまで、石油やガスの供給は非常に高いロシア依存でしょう。石油のロシア依存度は高い順に、フィンランドとハンガリーはほぼ一〇〇％、ポーランドは七五％、スウェーデン、チェコ、ベルギーは五〇％。ドイツとオランダは四〇％強です。

天然ガスはフィンランドとスロバキアは一〇〇％、チェコは九〇％、ドイツも四〇％。

ドイツはバルト海の海底を通ったパイプラインが完成し天然ガスの依存度がむしろ高まった。

ヨーロッパからしてみれば、いくらロシアを敵視しようがエネルギーをこれだけ依存している以上、ほどほどの関係でいたいと思うのが本音でしょう。しかしアメリカが後からさかんにロシア制裁をいっているから、うるさくてしょうがないというところなのだと思います。

渡邉　メルケルはロシアからの石油・天然ガス依存を高める新しいパイプラインの建設に賛成しています。ただし、フランスは否定的で、周辺国も安全保障上から反対の意思を示している。ＮＡＴＯも否定的です。つまり、欧州もロシアからの石油・天然ガスの依存率を上げるか下げるかによって国ごとに色分けがかなり違っている。今後対ロシアのスタンスが、ヨーロッパのＥＵ分裂の要素になる可能性はありますよね。

NATO崩壊にほくそ笑むプーチン

宮崎　プーチンのロシアにとって、地勢学上の国益はなにかというとEUを二八カ国に分裂させることです。それがロシアにとって最大の国益でしょう。

渡邉　EUの弱体化もロシアにとって国益なんでしょうけれども、EUが瓦解したとしてもアメリカ主導のNATOという安全保障体制が崩壊するとは限りません。

宮崎　もともとEUに入っていてもNATOに入っていない国と、NATOに入っていてEUに入れない国もあるから確かにイコールではない。ただNATO加盟国のなかで米国に次ぐ軍事力を持ち、アメリカと独仏の調整役も兼ねていた英国のEU離脱の悪影響はNATOにも及ぶでしょう。げんにオバマも離脱前に訪問したロンドンでNATOの弱体化を挙げ離脱派を牽制していました。

渡邉　トランプもNATO崩壊を容認したり、加盟国が攻撃されても防衛に乗りだささないと発言していますね。このことからもNATOに対する不満の声はアメリカ国内でも小さくないのだと思います。しかし、NATOよりもEUのほうがやはりなくなる可能性は高いと思います。

宮崎　その場合ユーロはどうなると思いますか？

渡邉　ユーロは弱小国家連合でやればいいんじゃないでしょうか。

宮崎　じゃあドイツ・マルクに戻る？

渡邉　マルクもフランも戻すほうがいいしょう。そうすれば経済格差もなくなるし、金融政策を一緒にしたってさほど問題はでない。ユーロは三分の一くらいに落ちれば輸出の競争力も戻る。ドイツが入っていたり、フランスがユーロを主導する限りは、いまのままぐちゃぐちゃになって、悪い方向にしか進みませんね。

宮崎　同感です。少なくとも来年二〇一七年を展望すれば、EU分裂の序曲がいよいよはじまると考えられます。

「中国は人工国家、ソ連のようにつくった側が壊すときは壊す」との名言は馬渕睦夫元ウクライナ大使ですが（日下公人、馬渕睦夫『ようやく「日本の世紀」がやってきた』ワック）、続けて馬渕氏は、「中国は張り子の虎」にすぎず、「中国が台頭して中国とアメリカがG2になるといったことを、日本のメディア、そして保守系の知識人までもがはやし立てています。しかし、それはまったく誤った見方」だと断言しています。ソ連が人工国家であったゆえに崩壊したように、人工国家は「つくった側がつぶそうと思えばつぶれる」。つまり人工的な体制を維持できなくなれば、中国という国家をつくった側が、壊す方向へ方針転換を行うだろうと予測するわけで、この思索を延長していえば、人工のシステムであるEUは瓦解し、人工通貨であるユーロも当然、解体するということです。

第四章　世界から嫌われ権力闘争激変で戦争に向かう習近平

G20で見えた中国の権力状況の趨勢

宮崎　九月四、五日に中国の杭州市で開催されたG20の中身はほとんど空っぽでしたね。主役は習近平で南シナ海問題で各国から批判されることもなかった。これは外相の王毅《おうき》の事前の根回しが功を奏したからでしょう。

唯一インドのモディが「南東アジアに一国だけテロリズムを武器として安定をかき乱している国がある」と名指しこそしませんでしたが、パキスタンを批判し、その背後にいる中国を暗に非難しました。インドの新聞はこのモディ首相の発言を特筆しましたが、ほかの国々のメディアは注目もしていません。

主賓ではオバマ、プーチン、メルケルが注目を集め、ついでエルドアン、モディ、メイ英首相、わが安倍首相は国際的報道では、残念ながらほとんど霞《かす》んでいました。

エルドアンはひたすらプーチンと並んで露土蜜月の演出に余念がなく、一方オバマはたいそう中国側におちょくられ、赤絨毯《じゅうたん》はなし、随行記者団の冷遇という非礼な仕打ちを受けた。「私なら、そういうときはきびすを返して帰国する」とトランプにいわれる始末です。中身が空っぽのG20でしたが、中国の権力状況の趨勢《すうせい》が把握できたのは面白かった。

日中首脳会談で習近平のまわりを外交ブレーンが囲んでいましたが、両脇に楊潔篪《ようけつち》(国務委員)、前述の外相の王毅をしたがえ、その隣が王滬寧《おうこねい》(外交顧問、中国のキッシンジャー)という配置。つまり、対日外交はやはり楊、王ラインが握っていることがわかります。

経済政策では周小川《しゅうしょうせん》(人民銀行総裁)、楼継偉《ろうけいい》(財務相)、劉鶴《りゅうかく》(経済ブレーン)に混ざって、注目を集めたのが高虎城《こうこじょう》(商工大臣)と徐紹史《じょしょうし》(改革委主任)です。後者ふたりは「新顔」といってもいいでしょう。

両方にまたがって登場場面が多かったのは汪洋《おうよう》(副首相、団派)で、「米中戦略対話」を取り仕切る関係から、ルー財務長官と親しいところを見せる演出をしました。

中国の反撃は失敗、G7による中国包囲網の強化

渡邉　五月に日本で行われたG7伊勢志摩サミット(第四二回先進国首脳会議)では、世界

各国が協調して「中国排除」を打ち出したので、G20は中国の反撃の場として私も注目していました。結論からいえば、世界の「中国包囲網」が強化されたという印象です。

閉幕後に発表された首脳宣言も、伊勢志摩サミットの首脳宣言を踏襲したものになっており、中国の抱えるさまざまな問題点に釘を刺すような内容が並んでいます。

たとえば、中国が進めるインフラ輸出に関しては「質の高いインフラ投資の重要性を強調」と明言されています。

伊勢志摩サミットの声明でも、最低限の品質を保てない中国は国際的なインフラ事業から排除されたも同然の宣告を受けており、引き続き、世界の市場からの閉め出し圧力がかけられることになるでしょう。中国にとって、はじめて議長国を務めたG20サミットの成果文書で、このような文言が盛り込まれたこと自体、屈辱的といえるでしょう。

インフラ投資と並んで中国経済の問題点とされているのが、鉄鋼の過剰生産問題です。これについては「協調して解決する必要がある」ということで各国が連携を表明、グローバルフォーラムの設置が提案されましたが、この発表を行ったのは議長国である中国ではなくアメリカだったことも重要です。会議や会見をリードしていたのはアメリカであり、習近平国家主席の存在感はきわめて薄かった。

また、G20サミットに伴って行われた首脳会談において、日米は連動するかたちで中国

中国の鉄鋼需要は4年連続の見通し

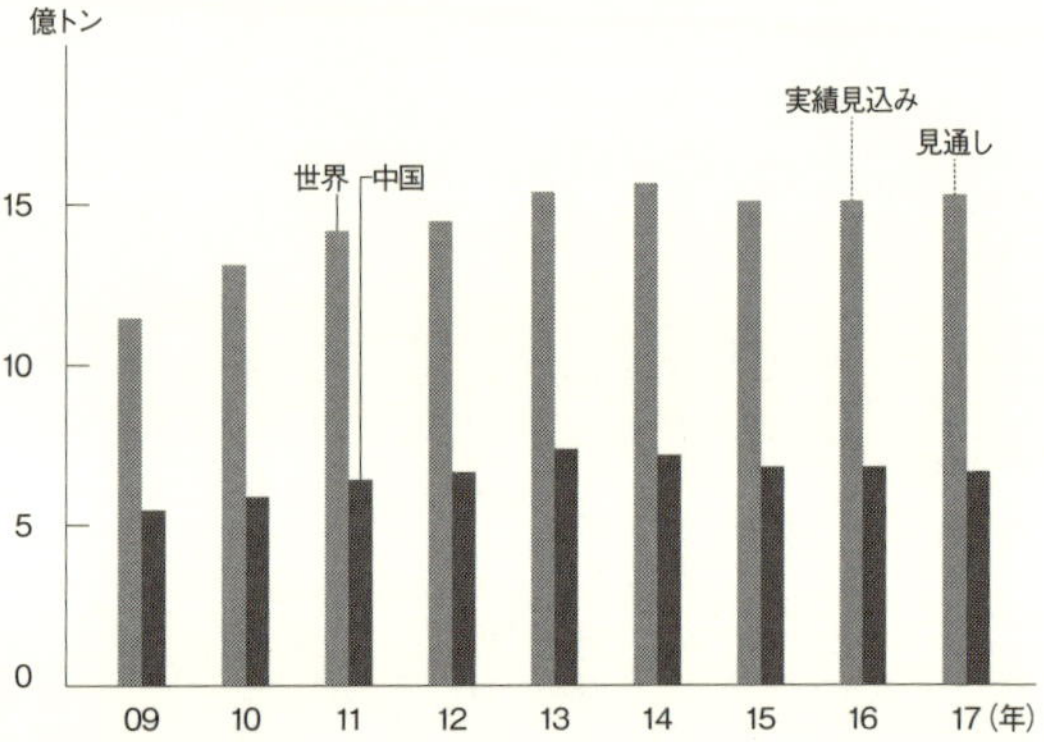

出所：世界鉄鋼協会

の海洋進出について踏み込み、牽制しました。これも、明らかに中国包囲網の一環と見ていいでしょう。

習近平の権力闘争の構図

渡邉　先ほどG20で、権力状況の趨勢が把握できたとおっしゃられましたが、いまの中国の権力闘争はどういう状況なんでしょうか？

宮崎　中国の権力闘争を見るうえで、まず大雑把にその歴史を振り返ると、胡錦濤《こきんとう》政権の一〇年間というのは三派閥連立政権でした。要するに、江《こう》沢民《たくみん》派である上海閥と胡錦濤が中心の共産主義青年団派（団派）と「紅二代」と呼ばれる高級幹部の子弟が集まる太子党。これは非常にバランスが取れて、連立政権としてはうまくいっていた。

ところが、習近平政権になると、このバランスを「反腐敗キャンペーン」の名のもと自分たちの派閥一色にしようと各派との間に軋轢を起こしているというのが、大雑把な現状です。

太子党は直訳すればＰＲＩＮＣＥ　ＰＡＲＴＹだけど、実態はＰＲＩＮＣＥ　ＲＩＮＧ（太子たちの輪）、ゆるやかなサークルといった感じです。

ですから太子党といっても、団派や上海閥のように一枚岩ではないため、習近平派は非常に脆弱なので、江沢民の後ろ盾により国家主席の地位を得た。江沢民からすれば、キングメーカーとして「こいつならばわれわれの権益を守ってくれる」、御しやすいということで、大本命だった団派の李克強《りこっきょう》を退けたわけですけれど、いざふたをあけてみれば、習近平は恩人である江沢民と上海閥を追い詰めていったわけです。それればかりか、団派にまで狙いを定めて、軍略としては最低の二正面作戦を行っている。

本来、権力闘争というのは一つずつ敵を殲滅《せんめつ》していくのであって、スターリンも毛沢東《もうたくとう》も金日成《キム・イルスン》も、そうやってのし上がってきた。いまの習近平のやっていることはその正反対で、それではなにが習近平を支えているかというと、「反腐敗キャンペーン」によって国民の支持があることです。「よくやってくれている、万歳、万歳」ということで、溜飲《りゅういん》を下げている中国人はものすごく多い。

経済崩壊をほっぽりだし南シナ海で紛争を起こす

宮崎　ただし、その前提として景気がよくなければ話にならない。一五年から中国経済の失速が明らかになり、国有企業もこれからまだ半分ぐらいは淘汰《とうた》される。そうすると高い給料をもらっていた人たちが路頭に迷う、大学生は新卒が毎年七五〇万人もいて就職先が半分しかない、鉄鉱や石炭産業の城下町は不景気で閉鎖され、二～三〇万人の失業者がそれぞれの企業城下町にあふれでている。

日本のように失業保険の完備もなく、そればかりか過去半年給料をもらっていない。一五年の労働争議とスト件数は二七七四件と前年に比べ約二倍に増えた。この数字は公式発表だけで、実態は一〇〇倍くらいある。なによりも経済政策を優先にしなければならないこの時期に、習近平は庶民の暮らしよりも、自分の権力の掌握に躍起になっているから悲惨です。

そのため、いよいよ来年（二〇一七年）秋に迫った第一九回共産党大会をまえに人事をあちこちいじって、自分の派閥をどんどん抜擢《ばってき》して入れ替えている。

たとえば解放軍においては、習近平が一番偉いんだけれども、軍事委員会のナンバー2の許其亮《きょきりょう》と范長龍《はんちょうりゅう》はいまやお飾りで、実質の軍事ブレーンは呉勝利《ごしょうり》という上将ですが、ただし七一歳と最年長。本来定年なのに習近平が信用できる人材がいないから、引退時期が

いる。

延びていました。だから次の海軍司令は「ミスター潜水艦」こと孫建国《そんけんこく》を当てようとしていました。

空軍は馬暁天《まぎょうてん》を空軍司令に抜擢したのも習近平の深謀遠慮が効いている。その一方で、南シナ海における軍事演習をしている最中に、元空軍政治委員の田修思《でんしゅうし》を汚職容疑で拘束しました（七月九日『新華社』）。これは制服組トップの徐才厚《じょさいこう》、郭伯雄《かくはくゆう》に続く三人目の「大虎」です。

軍制改革としては、七大軍区を五大戦区にかえて四つの部署（四大総部）――戦争の作戦指揮を執る総参謀部、軍の人事、政治を仕切る総政治部、軍の装備・管理を仕切る総装備部、軍の兵站《へいたん》・ロジスティクスなど後方勤務を仕切る総後勤部――をガラッとひっくり返して一五の新設の部署をつくった。狙いは軍の再編で、同時に人事も掌握しようとしていますが、既存の軍閥の利権が絡んでいて、とてもじゃないけどうまくいっていない。おそらくあと五年かかっても軍のリフォームはうまくいかないといわれている。

十月十一日にはとうとう、軍人失職の若者約一〇〇〇人が迷彩服を着こみ北京の軍事委員会ビルで「職を寄越せ」、「一時金を払え」とデモを起こし、軍幹部に抗議行動を起こしました。習近平は昨年（一五年）九月の軍事パレードで、解放軍三〇万人の削減を突如打ち出し、その第一弾として二万三〇〇〇人が解雇されていたからです。

それから軍と同様に利権の巣窟《そうくつ》といえば国有企業ですが、どうやらこの改革もうまくいっていない。だいたい改革の方針が習近平と李克強でいっていることが違うから進むはずがない。

また、地方幹部——北京・上海・重慶・天津の直轄市と、チベット・新疆《しんきょう》ウイグル・蒙《も》古《こ》自治区を含めた三三の省長——日本でいえば知事にあたる人事を入れ替えていますが、じつは中国の場合、国家機関の省長よりも党機関の書記のほうがはるかに偉い。中国のシステムは国家機関と党機関がダブっているのですが、党のほうが偉いのですね。国有企業もまったく同じ構図で、社長より、企業の党書記のほうが偉い。

その書記をどんどん入れ替えた。その特色はなにかというと、地方政府の書記レベルの新人のなかに、団派が一人しかいない。しかも一番ややこしい新疆ウイグルを担当させるという、ものすごく意地悪な人事をしている。

つまり軍、国有企業、地方幹部を、どんどん入れ替えつつ、来年の党大会に備えているというのが、習近平の基本にあると思うのです。

そして先ほど申し上げましたように、反腐敗キャンペーンで国民の支持を得ていたから、これまではかなり強烈なことができたんだけれど、いよいよ経済がおかしくなって、ここにきて習近平の権力基盤が揺らぎはじめた。じゃあどうするか。やはり国内矛盾は対外戦争にすり替えるというのが権力者の常套手段《じょうとう》ですから。ということは南シナ海で戦争に打ってでる可能性が大きくなったと見ています。

ついに習近平最側近が失脚！

渡邉　無能な経営者ほど人事に手をつけたがる、という一般社会のよくある論理と同じなのかなと思います。しかし権力闘争の力学で考えれば、習近平が権力を掌握すればしたで、反動で反習近平派が潜るなり、別の意味で力をつけてくると思うのです。右が強くなった分左が強くなり、左が強くなれば右が強くなるという力学のなかで、非常にアンバランスで先鋭化しやすい危うい権力基盤なのではないかと。

習近平の立場にたって、中国経済がどうなればよくなるか考えても、残念ながらよくする方法が見当たらない。しかも環境破壊型発展を進めてしまったため、人が住めない大地をつくっていき、自給率をどんどん落として、その結果発展したとしても、そのあとに残る国土、国家がどうなるか。そういう長期的なビジョンがないのですね。

宮崎　国土の汚染、大気汚染プラス、人心の汚染。

渡邉　人心の堕落というか、金権主義ですよね。結局それで自由は蜜の味であると同時に、金の味を覚えさせてしまったわけです。軍人から末端の役人まで。ただでさえ賄賂《わいろ》国家のところに、さらにバブルマネーで腐敗を拡大してしまった。堕落が起きているわけですね。この堕落に対して反腐敗キャンペーンをやっていますが、これだって限界があるのではないですか。

宮崎　要するに問題は自分たちの派閥、習近平派に関してはまったく手をつけていなかった。それに対する他派閥からの不満というのはものすごく大きい。

ところが、九月十日にとうとう、習近平の子飼いが失脚したニュースが入ってきました。一五年に大爆発が起きた天津市の代理書記をしていた黄興国《こうこうこく》です。天津市書記というのは、トップ25である次期政治局入りは確実なポストで、げんにナンバー7の張高麗《ちょうこうれい》は第一八回党大会直前までの天津市書記でした。

失脚理由は「重大な規律違反」とだけ。多くの憶測を生んでいます。「昨年八月十二日の天津大爆発の責任問題が絡んだ」との観測筋による分析もありますが、黄興国は天津大爆発の責任を問われず、ほかの幹部は失脚したにもかかわらず、生き延びてきた。一説に習近平は、黄興国を「代理書記」ではなく、「書記」に昇格させるための根回しを計ったものの、評判が悪く、賛同を得られなかったともいわれている。それゆえに上海閥と団派の権力闘争の巻き返しとの分析もありますが、一連の流れを見るとその可能性が高い。

九月十三日には早くも天津市の新書記が任命され、同時に遼寧《りょうねい》省の全人大代議員の四五名が資格剝奪《はくだつ》という粛清も発表されました。後者は代議員選出をめぐって票買いという賄賂問題が発覚したためとされた。ほかに四〇〇名近い幹部が落馬した。

遼寧省は李克強（首相）が書記をしていた時代の部下が八月にもごっそりと拘束され、その前には李源潮《りげんちょう》（団派の領袖《りょうしゅう》、国家副主席）が江蘇《こうそ》省書記時代に側近だった六名が、やはり落馬。この流れから習近平のライバルである李克強と李源潮の側近をつぶし、政治的影響力にとどめを刺そうとしていたことは明らかです。

結局のところ、団派の報復により黄興国は同じパターンで失脚した可能性が高いわけです。

反習近平派のカギを握るのは曾慶紅

宮崎　反習近派のカギを握るのは曾慶紅《そうけいこう》です。曾慶紅は太子党ですが、江沢民とも近い。すでに引退したとはいえ非常に隠然たる力を持っているんですね。本当は習近平が国家主席になるまえに、リリーフで曾慶紅が天下を取ったほうがよかった。曾慶紅が国家副主席のときに日本の外務省は「これが一番中国を抑えている人物だ」と見抜いて、日本に招待して、天皇陛下に謁見させています。習近平も副主席のときに日本に来て、陛下にお目にかかっていますが。

渡邉　小沢一郎議員がやりましたね。あれに日本国民はものすごく怒った。

宮崎　曾慶紅は決して侮ってはいけないし、この人は結局バランスのカギを握っていると思う。曾慶紅が陰で本格的に動いたら、いまの習近平権力のバランスというのはガラガラッと崩れる可能性がある。

渡邉　逆にいうと曾慶紅がたとえば反習近平に回れば、権力闘争のなかで掌握というか内部瓦解が発生する？

宮崎　ただ、いかんせん七七歳ですから。人間七〇を超えると革命などせずに、闇将軍でいればいい、というくらいのもんでしょう。曾慶紅が手駒で動かせる人間がどれぐらいいるのかによって違いますけどね。いまのところそれがまだ見当たらない。

渡邉　こうして見ていくとよくわかりますが、中国はまだ軍事独裁政権であり、自由主義社会とはまったく異質だという認識を西側諸国、なかでも日本が持っていなかったというところに、大きな問題があったわけですね。この点に関しては国内・経済界・政界含めて、改めて見直す必要があるのではないだろうか、というのが一つの結論です。

アメリカ外交の失敗が中国を傲慢にさせた

宮崎　中国は経済がめちゃくちゃ大変なのに、権力闘争が熾烈《しれつ》化している。外国から見ればそんなことをやっている場合かと。

渡邉　国内の権力闘争だけではなく、よく問題になるのは習近平の先祖返り、共産主義志向というか、大中華主義というのか……。

宮崎　シナ原理主義じゃない。共産主義が壊れ、拝金主義が蔓延《まんえん》したけれど、これはイデオロギーにはなりえない。孔子様を復活させて、国内のモラルを引き締めようにも、いまの中国で儒教の復活なんて逆立ちしてもありえない。そこから安っぽいナショナリズムの鼓吹となるわけです。

渡邉　それが国際会議などさまざまなところで軋轢を生んでいる。八月下旬の習近平の演説では西側の生活様式を賛美するような報道を規制するといい、言論弾圧の姿勢を強めています。一方の西側諸国からすると、中国の人権無視の実態をしりながら、それでも付き合ってきたのは、基本的に中国が自由化し民主化し、完全な自由主義陣営に入るという期待があったからと思うのですが、この前提が当の習近平によって覆されてしまった。これは欧米からすれば誤算だったのではないでしょうか？

宮崎　覆されたのではなくて、第一にオバマ政権に弱さがあること、第二に、覆らないまでも、徐々に押していけばいいや、という考え方が基底にあったのですね。つまり、アメリカの外交戦略というのはどこかスポッと抜けているところがあって、たとえばイラクのサダム・フセインを打倒し占領すれば、日本統治と同じように、秩序だって回復すると思っていたら、とんでもない、テロが頻発する無法地帯となった。中国の場合は台湾が民主化に成功したからそれと同じようにいくと考えたのでしょう。

台湾の場合は七〇年代後半からアメリカはソラーズなどが、複数政党制、言論の自由、結社の自由を求める圧力をかけた。蔣介石《しょうかいせき》が死んで息子の蔣経国《しょうけいこく》が後を継ぎ、李登輝《りとうき》を副総裁にすると、徐々に民主化が進んで民進党の結成とともに一斉に花開いた。

当時、私も台湾にたびたび取材していたので、「ああ、なんかはじまったな」という動きを感じたものです。それをアメリカは見て「これはわれわれの成果だ」と勘違いしたわけです。国民党がくるまえの台湾には五〇年に及ぶ日本統治時代があったことを忘れていた。あのときかなり台湾は自由だったんだからね。

中国にもそれと同じ手でやろうとした。ところが、鄧小平《とうしょうへい》は頭がいいから「まず経済から自由化しましょう」といって経済のシステムだけ、市場経済並みに移行はしても、政治は絶対に離さなかった。

渡邉　問題の根本はアメリカの誤った成功体験にあるということですね。唯一の成功体験だった日本の戦後統治を基準にして、中国に対処したことがそもそも大間違いだったと。

そう考えてみると、確かにその後のアメリカの統治で成功した例《ためし》はないですね。中東は全部失敗。アメリカの大きな勘違いからすべてボタンの掛け違いがはじまっているように思えるんですね。

宮崎　これで三回目ですが、「アメリカは敵と味方を間違える天才」なんです。

中華思想はコンプレックスの裏返し

渡邉　ただ私が見ていてわからないのは、たとえば自由主義国家には国民、世論というものがあります。あるとすれば政治は世論にある程度大衆迎合していく。そうしないと一人一票の原則によって政権がひっくり返る。これが本来の自由主義国家、よくも悪くも自由主義、民主主義国家の宿命ですが、それが中国にはない。

宮崎　中国人は知識人も学生も、知識としては自由社会のことを本当はわかっているんですよ。中国もいずれそうなるだろうけど、とりあえず目の前の生活が享受できて、スマホでゲームが楽しめて、金儲《もう》けができるのだから、まぁしばらくはこれでいいじゃないか、いわゆる没法子《メイファーツー》（しかたがない）というのが、いまの中国人の心境でしょう。

渡邉　中国人としての価値観が、なにかあるのではないかと思うんですね。アメリカにとっての価値観が自由と正義であるように、中国にも。共産党が正義だとは信じてないでしょうし。やはり大中華主義でしょうか？

宮崎　そう、中国の価値観の基軸というのは中国が中心だということです。ただ、逆にいうと大中華主義というのはコンプレックスの裏返しの表現なのですよ。だから中国四〇〇年なんていうけれど。

渡邉　いま、六千年まで延びています（笑）。あと何年で一万年といいだすことやら。

宮崎　台湾の故宮博物院に行ったらすでに「中華八千年」（笑）。

　中華思想と漢族中心主義というのは二重構造です。漢族中心主義というのは嘘《うそ》のかたまりみたいなもので、歴代王朝で漢族の王朝というのは、秦《しん》の始皇帝《しこうてい》と漢と、その後ずっと飛んで明《みん》しかない。あとは全部異民族王朝です。宋《そう》が漢族王朝で中国を統一したというのは戦後共産党が歪曲《わいきょく》したでたらめな歴史で、宋というのは南のほうにあって、ほかに遼《りょう》と金《きん》があって三国鼎立《ていりつ》時代というのが史実です。ということは、四千年の歴史のなかで漢族が開いた王朝というのは、合計で六八〇年ぐらいしかない。あとはすべて違う民族の王朝ですよ。

　それではまずいということで、チンギスハンも隋《ずい》・唐《とう》の鮮卑《せんぴ》系も清《しん》の満州族も、みんな中華民族で一緒くたにした。その完全に捏造《ねつぞう》された歴史観に国民はすっかり洗脳され「中華民族は大変なものである。世界の中心である。われわれが世界の秩序を決める。昔から決まっている九段線により、南シナ海は中国の領土である」ということを信じきっている。

渡邉　そういうファンタジーを真実だと思ってしまっているわけですね。王朝がかわるたびに文献を焚書《ふんしょ》していく国なので、古い文献が残っているのが日本と一部台湾にしかない（笑）。それこそ歴史修正主義そのものだとは思いますが。

宮崎　修正というより想像の歴史でしょう。

「大帝国」をめざすのはユーラシア大陸の生理現象

渡邉　中国というのは中国人や朝日新聞がいうように最終的に世界の支配者になると本当に信じているのですかね？

宮崎　いや、中国にかぎらず、ユーラシア大陸というのは、どこもそういう錯覚を持つのですよ。ロシアもロシア帝国、清も大帝国だった。インドはムガール帝国、中東だってオスマントルコ帝国、その前はアッシリア帝国にバビロニア帝国。

ユーラシアというのは、そういう意味では国境のない世界だった。だあっと攻めて獲ったものが勝ちという価値観のもとに、雑多な民族が右から左へ上から下へと動き回って、各地に混血が生まれ、一見まとまったような文明に見えながら、じつはものすごくいろんなものが混ざっている。たとえば唐なんていっても、置物を見ているとほとんどペルシャですよ。

遼も支配地域はモンゴルあたりまでいっていましたが、全然違う文明が入ってきている。中国というのはユーラシアのなかの一つの地域にすぎず、いってみれば文明体みたいなもので、決して国家にはなりえない。ましてや国家の末端にまで同じ経済システムが行き届くこともない。

中国は国家ではなく地域

渡邉　先生は漢民族という言い方をされましたが、本当にいまの中国を漢民族が統治しているのか、大きな疑問です。なぜかというと、中国の指導者の多くは客家《はっか》だったりするわけですが、客家は漢民族ではないですよね。鄧小平も客家です。

宮崎　それは宮脇淳子さんとの対談（『中国壊死』ビジネス社）で詳しく話しましたが、漢民族の定義は漢字を使って中華の飯を食えば、みんな漢民族。文化人類学的な根拠など必要がない。中国のパスポート、ＩＤカードには民族という欄がありますが、見るからに別民族が漢族と記してある。漢族はいまの中国における戸籍上の便宜的な主張でしかない。

渡邉　歴史的に、民族学的に客家は流浪の民で、ユーラシアでいったら東のジプシーですよね。

宮崎　要するに客家の場合は、王朝がかわるごとに前王朝は皆殺しになるから、逃げるわけでしょう。私にいわせると客家というのは、日本における平家落人物語ですよ。だからずっと辺鄙《へんぴ》な山奥か、そうでなければ海を渡る、海を渡った人というのは客家として残る以外ない。李光耀《リー・クアンユー》（シンガポール初代首相）も李登輝もみんな客家でしょう。フィリピンのドゥテルテだって華人ですし、そもそも孫文《そんぶん》が客家だった。

渡邉　そう考えると、いまの中国というのは、先生がおっしゃられたように、地域であるという認識が正しいのだと思うのですね。ということは、統治体としての中国は派閥争いといっているけれど、厳密にいうと地域間闘争ではないですか。

宮崎　地域闘争です。中国人同士が中国人と名乗らないでしょう。「あんたどこの人？」「上海」「あなたどこ？」「寧波《ニンポー》」という具合に。そこで地域閥ができて、そこだけの人間は信用するけれども、他はみんな利益共同体から外される。そういう傾向が一般的に強い。ですから小生は『出身地でわかる中国人』（ＰＨＰ新書）という本まで書きました。

サイバーと盗聴と監視カメラ

宮崎　これが軍隊になると軍閥になる、地方閥に。その伝統はいまでも生きているわけです。ただ国有企業ができてからはそれがだんだん薄まりつつあります。以前は地域城下町典型の利益共同体だったのですが、国有企業のトップが入れ替わることにより、地域的特色が薄まっている。それから鉄道も発達しハイウェイもできて、中国内をこんなに人が行き来したのはこの一五年です。一五年前なんて、一生に一度も北京でさえ観たことのない人が八億、九億人いたんだから（笑）。いまでも北京を見たことがないっていう人は三、四億人はいると思いますけどね。

したがって、人の交流が激しくなったことで、自由に一歩近づいた。

もう一つは、これまであった密告制度がいまほぼない。形式的になっている。というのも、調べに行ったってそいつはもういないんだから。档案《とうあん》（国民管理を目的に作成される個人の経歴、思想等の調査資料を収集した秘密文書）もつくりようがない。

さらに地方幹部が腐敗しているので、金をやれば戸籍なんてどうにでもなる。したがって、相互監視体制と档案は大きく破損しています。そのかわり、ネットの監視、盗聴体制を強化した。タクシーは全車両に盗聴器を仕掛けてある。次にホテル。外国人の泊まるホテルは全部に秘密カメラがついている。これが常識なんですよね。

私もよく経験するんですが、「ここ安いな」とフロントで交渉して、値段交渉して条件がまとまって、いざパスポートをだすと、「外国人は泊まれません」。「なんでですか？」と聴くと「理由はとにかく規定で外国人はこのホテルには泊まれないんです」。つまり、そのホテルには秘密カメラがないんです。

なにを申し上げたかったかというと、原始的な人民支配監視体制が、違う空間に移ってしまった。ネット監視や盗聴のほうがいまは効果的なんですね。パスポートコントロール、国境コントロールをしているでしょう。そういう意味では、制度は変質しつつもいまも残っている、というのが中国の政治状況です。

一方、経済状況はといえば、その辺のおじさんだって貿易をしようと思ったらいまできる。そこまで模擬市場経済化している。つまり、政治体制と経済環境の整合性がまったく取れないのです。政治がこんな体制で自由な貿易ができるはずないんだから。そういう矛盾が方々で露呈しているのがいまの中国経済の実態というところでしょう。

ブレグジットで英中蜜月関係に異変

渡邉　それでも、ブレグジットにより、英中関係と米中関係もかわらざるをえないのだと思います。人民元の通貨安、外貨流出に歯止めがかからないなかで、中国は人民元の国際通貨基金（ＩＭＦ）の特別引出権（ＳＤＲ）構成通貨入り、人民元決済の市場の拡大をはかるのは、裏付けのない人民元などいくらでも刷れるという乱暴な話で、これがアメリカが持つドル基軸と真っ向から衝突を起こしています。それをアメリカ側が許さないということで方針が大きくかわりつつある状況です。

宮崎　ところが、世界銀行、ＩＭＦがなぜかアメリカの意向をあまり反映していない。十月一日に人民元はＳＤＲの構成通貨に正式に加わりました。

渡邉　確かにそういうふうに見える一面もありますが、いままでそれを支援してきたのはイギリスのキャメロン＝オズボーン体制で、中国から投資資金をひっぱるのが目的で、英中蜜月を演出してきました。

イギリスは中国のＡＩＩＢ（アジアインフラ投資銀行）においても先進国のなかではいち早く参加を表明し、ＩＭＦや世界銀行でも発言力を利用して、中国寄りの発言を繰り返してきたわけですが、中国の原発輸入を突如先送りにしたことからもわかるように、メイ新首相の体制となって対中スタンスが、大きくかわりつつあるわけです。その後、英政府は条件付きながら、中国の原発参入を承認しましたが、中国の資本や技術が集中しないよう歯止めも掛けています。

メイ政権は完全にキャメロン＝オズボーン体制の否定をはじめていますが、二人と深くかかわっていた中国もその排除対象となっているわけです。

それと、イギリス国内でいま問題になっているのは、大学や専門学校に留学する外国人のうち九割が中国人という状況です。

イギリス国内で高まる反中感情

渡邉　イギリス留学制度は面白くて、日本もそれを導入すればいいと思いますが、旧大英連邦諸国およびイギリス人の学費はタダに近い。次にいわゆるシェンゲン圏の人間もタダに近い。一方、それ以外の国の学生たちの学費がものすごく高いんですね。要はイギリス人や、ヨーロッパ人の学費をアジア人にださせているわけです。

ところが、それによって最初は日本人とかだったからよかったものの、いまでは中国人ばかりになってしまって、彼らがまともに勉学をすればいいんですが、学生ビザで入ってきておきながら、じつは不法就労をしていたりと、学術界からも大学からも、追い出してくれという意見が高まっています。

宮崎　ちなみに授業料はいくら？　たとえばオックスフォードとかケンブリッジで。

渡邉　オックスフォードで、二万三〇一〇ポンド（約三六〇万円）、ケンブリッジはコースによって違いますが、一番安い文系で一万八六六二ポンド（約二九三万円）です。

宮崎　それはアメリカでも非常に似ているところがありますね。アメリカの場合、アメリカ人からも、もちろん金を取りますが、軍隊勤務を経験した人はほぼタダに近い。それ以外の人たち、たとえばハーバードとか年間五万ドル、大学院が七万五〇〇〇ドルくらいで、べらぼうに高い。いまは徴兵制度じゃないから、学費が払えない一般のアメリカ人は、大学に入るために学生ローンを組む。この学生ローンをいざ就職して返そうと思っても、一五年二〇年ひょっとしたら一生かかる。一生かかったら家が買えない、結婚ができない。すごくプアなアメリカ人層ができている、というのがいま問題になっている。

渡邉　アメリカでいま一番問題になっているのは学生ローンですね。これもまた、プアホワイトの進出、トランプを支持するナショナリズムを高める要因になっている。イギリスはいままで仕組みづくりだけで飯を食ってきたような国なので、イギリスの大学もかたちをかえた植民地経営のような構図だったのですが、これに対しても国内からの反発が強くなっており、今回のイギリスのEU離脱にもこの要素が絡んでいたといわれている。

宮崎　学生ローンの残高は赤字国債並みになっているんじゃないですか？

エリザベス女王への習近平の非礼に対する怒り

渡邉　イギリスと中国の文化的衝突といえば、一五年十月の習近平訪英の際の大歓待についても、イギリス国民は大きな不満を抱きました。

習近平がエリザベス宮殿にやって来て、エリザベス女王を無理やり引きずりだしてパレードをさせたと。日本でいうと皇室への非礼を思えばイギリス人たちの怒りがわかろうというものです。イギリス人の保守層はキャメロン＝オズボーンに激怒して、離脱投票は彼らに対する一種の批判票でもあったわけです。

ただでさえイギリス人というのはアジア人に対して優越感を持っている。誇り高いイギリス人たちの怒りにより、反中政策が票を集める時代になりつつあります。

今回メイ首相は中国との関係を全部見直すといっているのも、そこに根底があって、中華思想的な外交戦術が文化衝突を先進国においても起こしはじめている。

宮崎　本当はこれはフランスでこそ起きるべきです。フランスというのはヨーロッパ版中華思想じゃない。でもフランスではあまり起きない。ドイツに至ってはまったく起きない。

これが不思議なところなんですが、ドイツはもうゲルマンの誇りだとか民族的優秀性とか一切いわないどころか、あの国こそアイデンティティーをなくしてしまった可能性がある。

渡邉　南部二州はすごく強い反発があるんだけれども、それ以外はないですよね。

宮崎　そういう意味ではドイツは日本よりもコスモポリタンになってしまった。

皇室のある日本とない中国のヨーロッパにおける格差

宮崎　長らく誤解していたことですが、ドイツというのはギムナジウム（ドイツの大学進学を前提とした中等教育機関）ではなくて、職人や農民になる基幹学校（高校）で職業を決めて、大学にはあまり行かないという話だったじゃない。ところが、このあいだ川口マーン惠美さんと話したら、いまはみんな大学に行って、基幹学校に入るのはよほどの落ちこぼれ、ということになっているという。だからドイツはいってみればナチスのときに誇ったようなゲルマンの優秀性なんてことを一切いわないのは、ナショナルアイデンティティーを喪失したからなのでしょう。

中国に対してもイギリスのようなメンツとかそんなことを考えなくなってしまったのではないか。

渡邉　ドイツ人というか、ヨーロッパ全体にいえることなんですけども、保守的な田舎町と都市で大きく文化風土が違っていて、都市部に行くとコスモポリタンと化している。ただし、いまそこにヨーロッパの違い、ヨーロッパの特殊性ということでいえば、ヨーロッパはいまだに階級社会であって、それが表に見える、見えないの違いであって、相かわらず貴族社会であるのは間違いなく、貴族の人たちの物事の見方というのは、「ヨーロッパ・アズ・ナンバーワン」です。それとビジネスマンとの間では世界観が違います。

宮崎　貴族といってもだいたい株の配当だけで食べている。あとは何もやることがないから趣味をやったり、哲学的論議をしたり。そこでサロンが発達するわけでしょう。いまやフランスの左翼はワインを飲みながらカクメイを語るだけの存在なので、「サロン・マルキスト」といわれる。

渡邉　しかし、中国人はいつまでたってもそのサロンには入れてもらえない。ヨーロッパに行くと、日本人でありがたいと思うのは皇族の存在です。モナーキーがあるがゆえに、そういうコミュニティのなかでも、アジア人でありながら、黄色人種でありながら、一定の敬意を払ってもらえる。中国はそれがないのがすごいコンプレックスで、それゆえにエリザベス宮殿のああいう馬鹿げた、すごく下品でみっともないパレードを求める要因となっているのでしょう。それならかぼちゃの馬車でもだしてやればよかったのに（笑）。

エリザベス女王の習近平への「あの下品な人」という発言はヨーロッパ人のほとんどが共有している意識だと思います。それを口にするかしないかの違いだけで。

英国と欧州では対中政策に温度差

宮崎　問題は南シナ海における中国の行為は、世界秩序に歯向かっているわけだから、ヨーロッパにしても激しく難詰しなければいけないんだけれども、遠い話にしている。口では批判しているけれども実際中国にはなにもしない。ヨーロッパにとって目前の敵はロシアで、ロシアが大国として復活することのほうが恐い。そのためには、ロシアの背後を脅かしてくれる中国はもっと強大になってもいい、という考えでしょう。ここで日米とヨーロッパとの世界戦略が齟齬《そご》をきたす。

渡邉　ヨーロッパというか、イギリスに関しては欧州大陸とは別の動きをしていると思います。イギリスは南シナ海の安全保障および軍事訓練などに積極的に参加するという方針をだしはじめて、関与しようとしているのがいまの状態だと思います。ただ大陸側はそういう動きが一切見えない。複雑なパズルゲームがいま進行しているなと。

反中国を鮮明にするインドと日米に近づくベトナム、インドネシア

渡邉　九月三日にはインドのナレンドラ・モディがベトナム・ハノイを訪問して、両国の防衛関係強化のために、インドはベトナムに五億ドル（約五二〇億円）の資金を供与すると発表しました。いうまでもなく、中国への対抗で、中国がヒステリックになっています。じつはインドは大陸国家のようでいて、インド洋をかかえる巨大な海洋国家であり強力な海軍をかかえています。ベトナムも同様で、この二国が協力し合えば中国にとって大いなる脅威となるはずです。海軍というのは組織力ですからね。ご存知のとおり中国は海洋で勝ったことが一度もないわけです。

中国にとっての敵という役割で、インドも存在感を示そうとしている。モディはビジネスマンで、中国に対する駒としてずっと使われ続けてきているし、たとえ道具であったと

しても、動くことに意味があると冷静にとらえています。

　あとは、アメリカの方針転換で一番大きなものは、伊勢志摩サミットの前々日にオバマがベトナムに入って、ベトナムへの武器禁輸を完全解除すると発表したことでしょう。

　一九八四年に導入された武器禁輸措置は二〇一四年に部分的に解除されましたが、完全解除を求めていたベトナム政府にオバマは応えたわけです。

宮崎　米空母は寄港しているしね。

渡邉　合同軍事訓練もしています。インドネシアにおいても同様です。そうしたかたちでヨーロッパも東南アジアも今巨大なパズルゲームとパワーゲームが行われている。

宮崎　先ほど話したユーラシアの外枠からいいますと、ヒマラヤがあってインドならびに東アジア、ミャンマーまではユーラシアに入らない。ところが東南アジア――タイ、ラオス、ベトナムからマレーシア突端あたりまでは、ユーラシア大陸のいわば辺境といったかたちで、国際政治的にいうと入ってしまうんですよね。たまたまヒマラヤに遮られて、インドはユーラシアとは一応無縁と考えてもいいのですけれども、インドは戦後ずっと宿命的に中国と対峙《たいじ》しています。これは国境の問題で、西と東でもめている。

　それからもう一つ、バングラデシュの独立戦争の問題から、パキスタンとインドはずっと仲が悪い。そこに目をつけたのが中国で、インドという宿命的な敵を牽制するのにパキスタンを利用した。そもそも、パキスタンというイスラム過激派の国が、無神論の中国と付き合うのは打算以外の何物でもない。パキスタン＝中国軍事同盟というのは五〇年以上続いている。これは日米安保条約に匹敵するくらい長い。

パキスタンに行って驚いたのは中国と合弁の戦車工場とか、あらゆる分野で中国が入りこんでいる。

インドはいままでは世界で孤立も辞さない、非同盟政策をとってきましたが、武器はアメリカが与えなかったから、旧ソ連・ロシア産だった。ピーク時にはインドの武器体系の九五％まで旧ソ連・ロシア産が占めていた。戦闘機から潜水艦に至るまで。つまり、インドの軍事行動はロシアとの関係で成り立っている。激しい戦闘を継続させるにはロシアからの修理部品が入ってくることが前提です。

そのインドの兵器市場へアメリカが参入するならば、武器の体系がかわるのか。そこまでインドがやるかなという気もしますが、最新鋭のものは多少入れるかもしれないけれど、簡単ではありません。

たとえば戦闘機にしても、アメリカ製を入れるとしたら、パイロットの訓練システムから格納からロジスティックまで全部かえなければならない。ロシアの顔色もうかがわなければならない。そこまでやるかどうかは別の問題として、ただ心理的に、政治的に、インドはいまアメリカに寄ったと見ていいと思いますよ。

渡邉　インドは対中国をにらみ海軍力の飛躍的な増強を打ち出していますね。保有する艦艇数を二七年までに二〇〇隻と約二倍に増やし、原子力潜水艦六隻、三つの艦隊に各一隻ずつの空母を追加する計画のようですが（『Newsweek』二〇一五年七月二十八日号）、当然自力では不可能なので、アメリカから購入するのでしょう。依然ロシアが多いものの、近年、アメリカからの武器輸入の割合が伸びています。

中国の影響をまったく受けていないインドの強み

宮崎　それと、インドというのは他の周辺国とは違って、中国の経済力の影響をまったく受けていない。理由の一つは、インドがいままでの経済停滞をぐっと回復できたのは、ＩＴ産業の牽引によります。

日本人は九九しか暗記していないけれど、インド人は数学の天才が多くて三ケタ×三ケタの暗算ができる人が多い。だからコンピューターの暗号の組み立て、プログラムの組み立ての下請けをずっとやっていて、それがバンガロールとハイデラバードの二大ハイテク都市を育てる土壌となった。モディ政権になって軍事産業のテコ入れをし、バンガロールで行われた「兵器展」では「インド国産の兵器を」と呼びかけ、外国企業との合弁比率を従来の二六％から四九％に引き上げました。外国の軍需産業のインド進出を促進する政策変更です。

この兵器展には航空機メーカーだけでも七二社が出展した。また、戦車等も展示されましたが、出展に応じた兵器メーカーは米国六四社に続いてフランス五八社、英国四八社。ロシア四一社、そしてイスラエルから二五社が、ドイツからは七社が参加した。

同時にインドのメーカーが二七〇社、合計五八五社という壮大な、世界的規模の展示会ですよ。むろん、日本企業の参加はゼロ。

インドは軍事力向上のため、向こう一〇年で一二〇〇億ドルを新兵器開発に投じるとしており、数年内に相当飛躍する可能性がある。

二つ目の理由は、インドは、日本や欧米のように、生産から流通まで中国がビルトインされたシステムに、一切加わらなかった点です。中国に組み立て工場をつくり、中国人という安い労働力を使わなかった。中国ファクターはまったく除外していい。とすれば、日本としては世界戦略のなかでも、インドに対しては、個別の考え方でもってあたらなければいけないでしょう。

インドと良好な関係を築く安倍政権

渡邉　安倍政権とインドは良好な関係を築いています。一五年末の安倍総理の訪印では、インド初の高速鉄道に新幹線方式の採用が決まり、日本製の防衛装備品および技術移転を可能にする協定も、秘密軍事情報の相互保護の協定も結ばれました。また、日本の原子力技術をインドに提供する原子力協定でも、原則合意に達したわけです。

　インド人の場合、幼稚園くらいの段階でＩＱテストをして優秀な子供たちをパワーエリートとして育てています。国内でエリート教育したうえで、アメリカを中心に海外に国家プロジェクトとして留学させる。海外で科学的な知識や技術を習得した子供たちを国内に戻して、ＩＴ、製薬などの研究者として優遇する。ここがインドと中国の最大の違いで、インテルのＣＰＵの開発などもインドチームがすごく力を持っています。

宮崎　マイクロソフトのＣＥＯだってインド人だよね。

渡邉　インド人です。グーグルもソフトバンクの前副社長のアローラもインド人。

宮崎　一四〇年以上の歴史を持ち、貿易会社からスタートし、製鉄、自動車、電力会社が主力のタタ財閥の会長は、父がタタの大株主とはいえ血縁関係もないんだけれども、インペリアル・カレッジ・ロンドンで都市工学を学び、ロンドンビジネススクールで修士号をとり、現在タタ財閥全般の経営を見ていると。そういう意味じゃ、天才に生まれるならインドじゃなければいけない。

渡邉　そうですね（笑）。

宮崎　日本では、天才はぶっつぶされますから。信長も松蔭も佐久間象山も。一番不幸なのは日本だよ（笑）。田中角栄が「天才」とかいっている人もいるけれどね。

それはさておき、インドが中国包囲網の大きなカギを握るのは間違いないでしょう。

第五章　経済大崩壊で無理心中する中国と韓国

計画経済と自由主義経済のいいとこどり

渡邉　鄧小平《とうしょうへい》以降の中国は、共産主義の計画経済、つまり経済の主体は政府であり審査をするのも政府で、数字はいかようにも操作できる独裁体制と、海外との交易と資本の移動により財がもたらされる自由主義経済という、本来相反するものの「いいとこどり」をしてきたわけです。

むろん、中国もその恩恵を受けるために、市場を開放し、人民元の国際市場を拡大し、同時に債券や株式市場の外国人への解放と、海外の起債の拡大等の改革を進めてきました。これには人民元の国際化という中国の野望があることはいうまでもありませんが、大きな矛盾を生んでいるのもまた事実です。欧米は中国にグローバルルールを採用すればわれわれと同等の権利を与えるとはっきりいってきたわけですが、習近平はそれを根底から覆そうとしているように見えます。

こうした中国の横暴に西側がどのように対応するのか、というのがいま問われているときなのだと思います。アメリカも、数年前から対中スタンスの大幅変更を進めてきており、イギリスのEU離脱で英中関係も大きくかわらざるをえない。そうした外交関係のなかで中国は内需も伸びず、バブル崩壊の悪影響がではじめている。日本が九〇年代前半におかれていたような状況にいま中国は陥っている。日本のバブルが崩壊したときにアメリカから押し付けられた金融ビッグバンにより、どんどん壊されていったのを中国自身はよく見ていてわかっているのではないでしょうか？

宮崎　中国が日本経済に関して一番関心があるのは、自由主義体制における発展ではなくて、なぜバブルの克服に失敗したかというポイントにあります。習近平の経済ブレーンである劉鶴《りゅうかく》がそうで、日本経済のバルブ崩壊過程もよく研究したとされています。ですから上層部は事態の深刻さをよく認識してはいるのです。

中国経済が絶対に発展しない理由

渡邉　中国経済がこれ以上発展しえない明確な理由が一つあります。マルサスの人口問題ではないですが、地球上の資源量の問題です。地球上の資源量は有限という前提に立てば、仮に一三億八〇〇〇万人の中国人全員が日本人と同じレベルの生活を行おうとすれば、地球が三個なくてはならない。つまり資源が足りないということです。

二〇〇八年のリーマンショック前後から、世界の先進国が新興国に対しそれまで行ってきたビジネスモデルの変更を余儀なくされてきました。

それまでのビジネスモデルは、先進国が豊かになり国内に発展余地がなくなったため、新興国に対して投資利益を求める金融主導型ビジネスでした。つまり、中国を中心とした新興国に投資して、投資した利益で新興国の安い産品を輸入して利益を得る、というビジネスモデルだったのですが、賃金の上昇＝富裕層＝食の高級化＝資源の爆買いとなり、たとえば一バレル＝三五ドル前後で安定していた石油の資源価格が一〇〇ドルを超え、一五〇ドルに向かう。鉄鉱石も値上がる。すべての資源価格が急上昇したため、結局先進国が新興国に投資するメリットよりデメリットのほうが強くなってしまった。

そういう傾向のなか一五年に中国のバブルがはじけた。一転して今度は過剰資源・過剰生産・過剰設備で中国からの投資利益が得づらくなるどころか、鉄鋼やアルミニウムなど資源のダンピングがはじまり、世界中へデフレの輸出がはじまったのは、前にも述べたとおりです。

これはたまったものではないと、欧米先進国は中国重視のビジネスモデルをやめ、反ダンピング関税をかけるなど反中国の姿勢が強まりだした、というのがいまの状況です。

資本主義の限界

宮崎　いまの渡邉さんのお話は、結局資本主義に内包している矛盾なんですね。資源の量もそうですが、中国は開発独裁のままで、日本のように一億総中流などのぞめない。なぜなら中国の外に一三億の民を潤すほどの買い手がいないから。戦後日本の場合は欧米が買ってくれた。しかし遅れてきた中国が輸出したくても日本のときのような輸出先がない。欧米も元気がない。ただでさえ中国の賃金が上昇し、競争力も失われています。資本主義というシステムの限界で、世界すべてを幸せにはできない。

渡邉　中国のいまの状況を金融政策から見た場合、中国の中央銀行である中国人民銀行がたとえ金利を下げたとしても、意味がない。なぜかというと利下げしても国内に投資先がないため、資金が実体経済に回らず、行き場を失った金は海外で資産バブルを促進する。だいたい二〇一二年ぐらいから、中国から世界中にチャイナマネーというバブルの輸出が起きたわけです。結局中国の問題の根本は国のビジョンがないことにあります。われわれ日本にもないけれども、なんだかんだいっても国民の幸せはある程度ある。しかし中国にはそれがない。

中国人の大量流入で相次ぐトラブル

宮崎　中国から資金が流出するとともに、人も流れだしているでしょう。だいたい一〇〇〇万人ぐらいは海外にでたといわれていますが、そんなものじゃない、おそらく二〇〇〇万人はでています。アフリカだけでも二〇〇万人です。ロシアも非公式には二〇〇〇万人とも五〇〇万人ともいわれている。特にウラジオストクなどロシア極東地域です。ソ連崩壊時に八〇〇万人を超えていた極東のロシア人の人口は六二六万人（二一年）まで減少しました。隣接する中国東北部の人口は一億三〇〇〇万人に達し、極東シベリアへの流入が進んでいる。このままでは乗っ取られるのではないかと現地のロシア人たちは危機感を持っています。じっさい、中国の地図にはウラジオストクは中国領だと記載されている。ウラジオストクの中国名は「海參崴」です。さしものプーチンも恐怖心に駆られて、ウラジオストク大開発を命じました。

もう一つの問題は農地、つまり農産物が足りない。中国は世界の農地の六割があるとされるアフリカに進出し、九九年借地とかそこらじゅうで農地をつくっているでしょう。バンバン農業生産をしていて、それをごっそり中国へ持ち帰っている。要はアフリカの植民地化です。食料の強奪というのは現地の感情を逆なでしますからね。いまアフリカでもいよいよ反中感情が蔓延《まんえん》し反中暴動が起き、中国人誘拐事件、殺害事件が世界的規模で起きている。この傾向は今後も拡大する一方でしょう。

AIIBに群がるのはハイエナにすぎない

渡邉 今年(一六年)の八月二十七日、ケニアの首都ナイロビで開幕した第六回アフリカ開発会議(TICAD6)に出席した安倍総理が、今後三年間にわたりアフリカに約三兆円規模の投資と、一〇〇〇万人の人材育成を行うことを約束しました。日本型のインフラビジネスというのは、現地に技術供与はするけれども人を押し付けるわけではない。それと同時に継続可能な高品質のインフラをつくるというビジネスモデルですが、中国というのは略奪型なので武器バーターであったり、現地政権との癒着であったり、人民軍の兵士をぶち込んで、地元の人間を安価に奴隷労働させて、出来上がった産品は全部持って帰る。日本と中国はビジネスモデルがまったく異なっていて、日本のアフリカ支援に対し中国は非常にヒステリックに反応しましたが、とんだお門違いです。

宮崎 中国は日本が国連安保理常任理事国入りをもくろんでいると非難し、二〇〇五年の反日暴動は、まさしく、その阻止が目的でした。いったい日本はなにをしようとしているのか疑心暗鬼になっていたのです。

渡邉　前に述べたように伊勢志摩サミットで、Ｇ７側が中国型のインフラ開発は許さない旨の声明をだしていた経緯があるからです。

宮崎　ただ、中国はＧ７に入っていないからルールなんて守らないでしょう。国際法すら「紙くず」と公言しているのですから。

渡邉　Ｇ７側の対応としては、アジア開発銀行（ＡＤＢ）および世界銀行などの国際的金融機関がファイナンスする際の指名基準を厳格化することにより、事実上中国を締め出すことができます。逆にいえば、中国はこれが決まるのがわかっていたから苦肉の策として、ＡＩＩＢ（アジアインフラ投資銀行）を設立した側面もあります。

そのＡＩＩＢにカナダが入ることを表明し（八月三十一日）、先進国ではイギリス、フランス、ドイツ、イタリアについで五カ国目になりましたが、肉を持ってこないバーベキューのようなもので、みんなご馳走《ちそう》になりたいから参加はするけれども、肉は持ってこない、中国さん早くお願いしますという状況です（笑）。

宮崎　タマネギやタレしかない（笑）。

渡邉　中国はお金があるように見えて、本当にお金があるかわからない、というのが正直なところです。

止まらぬ外貨流出で紙くず化する人民元

宮崎　もともと人民元はドルペッグ（米ドル固定相場制）、つまりドルの信用を裏付けにすることにより価格を輸出に有利な元安に維持してきた。金本位制が金の保有量とマネーサプライ（通貨供給量）がリンクしていたのと同じように、外貨であるドルの保有量が人民元の供給量を決めなければならない。ところが、その外貨が急激に流失しています。

二〇一四年末に三兆八〇〇〇億ドルだった外貨準備は、二〇一六年九月末に三兆一六六三億ドル（三三八兆円）と、前月末より一八八億ドル減りました。三カ月連続の減少で、二〇一一年五月以来、五年四カ月ぶりの低水準です。

外貨準備とは為替を安定させる機能もありますが、中国の場合は、中国企業の貿易黒字と、外国企業の中国への直接投資により流入した外貨を、中国人民銀行が一手に引き受けることで成り立っていました。したがって、世界の投機資金が中国から撤退し、輸出が落ち込めば外貨流出に歯止めがかからなくなる。

しかも、中国では共産党の高級幹部が師弟を欧米に留学させ、ペーパーカンパニーをつくり、そこに不正資金を送金していますが、その天文学的な金額が外貨準備高のマイナス部分に入っていないため、そもそも賃借対照表自体、信用ならない。加えて中国は過去一年で五〇〇〇億ドル以上の外貨を借り入れています。だから外貨準備はじつは空っぽ、それなのに、人民元を刷りまくり市場にカネを流せばどうなるか。いうまでもありませんが、人民元の大暴落です。

中国得意の禁じ手も海外市場では限界

渡邉　欧米の金融機関の試算によると、一五年だけで中国の資金流出は一兆ドルを超えると見られています。また、外貨準備のなかの、アメリカ国債一兆二〇〇〇億ドル以外の資産内容が不明なのも、恐ろしい話です。たとえ外貨が空っぽでないとしても、いざというときに中国の中央銀行は外貨を使えない公算が高い。

もちろん、中国も外貨流出に対し手をこまねいているだけでなく、禁じ手といっていい対策を矢継ぎ早に打っています。

まず、一五年九月には、国内の金融機関に対して先物での人民元売り・外貨買いの為替予約を受け付けた場合、外貨の二〇％を、中国人民銀行に無利子で一年間預けるように命じた。また、翌十月には、中国のクレジットカードにあたる銀聯カードの外貨キャッシングに、一日一万元から、年間一〇万元（一九〇万円）という制限を設けた。十二月には、外国銀行の三行に対する為替免許の停止、翌一六年には中国の為替拠点の銀行に対して、さらに顧客の人民元売り・ドル買いを禁じる命令をだした。

しかし、こんな強引な対策はかえって逆効果でしょう。それにいくら国内市場の規制をしても、海外市場にはさすがの中国政府も手がだせませんから。実際、規制を強めた一五年十二月ごろから、海外市場が主導するかたちで人民元の下落が発生しており、それを食いとめるための介入によって、外貨準備が失われていました。

前章で論じたようにアメリカの利上げが中国にとどめを刺すことになるかもしれません。

民間投資が激減しゾンビ企業が拡大中

宮崎　それから外貨流出の次に注目したいのは中国の民間投資の急落です。一六年の一〜七月は前年同月比二・一%増と伸び率が縮小しました。前年が一〇・一%ですから、伸び率が三分の一以下に落ちた。中国は一二年まではその伸び率が二五%前後あり、民間投資の統計の公表をはじめて以来過去最低です。全体の六割を占める民間投資の伸びが、一〜六月より七月は〇・七ポイントさらに縮小しています。

その一方で国有企業＝ゾンビ企業は、二一・八%増、インフラ投資も一九・六%増と大幅に増えています。つまり、中国の銀行は民間投資を抑える一方で、国有企業が公共事業を受注して、投資全体を支える構図です。ゾンビ企業を延命させることにより、目先の失

中国はマネーが実体経済に回りにくくなっている

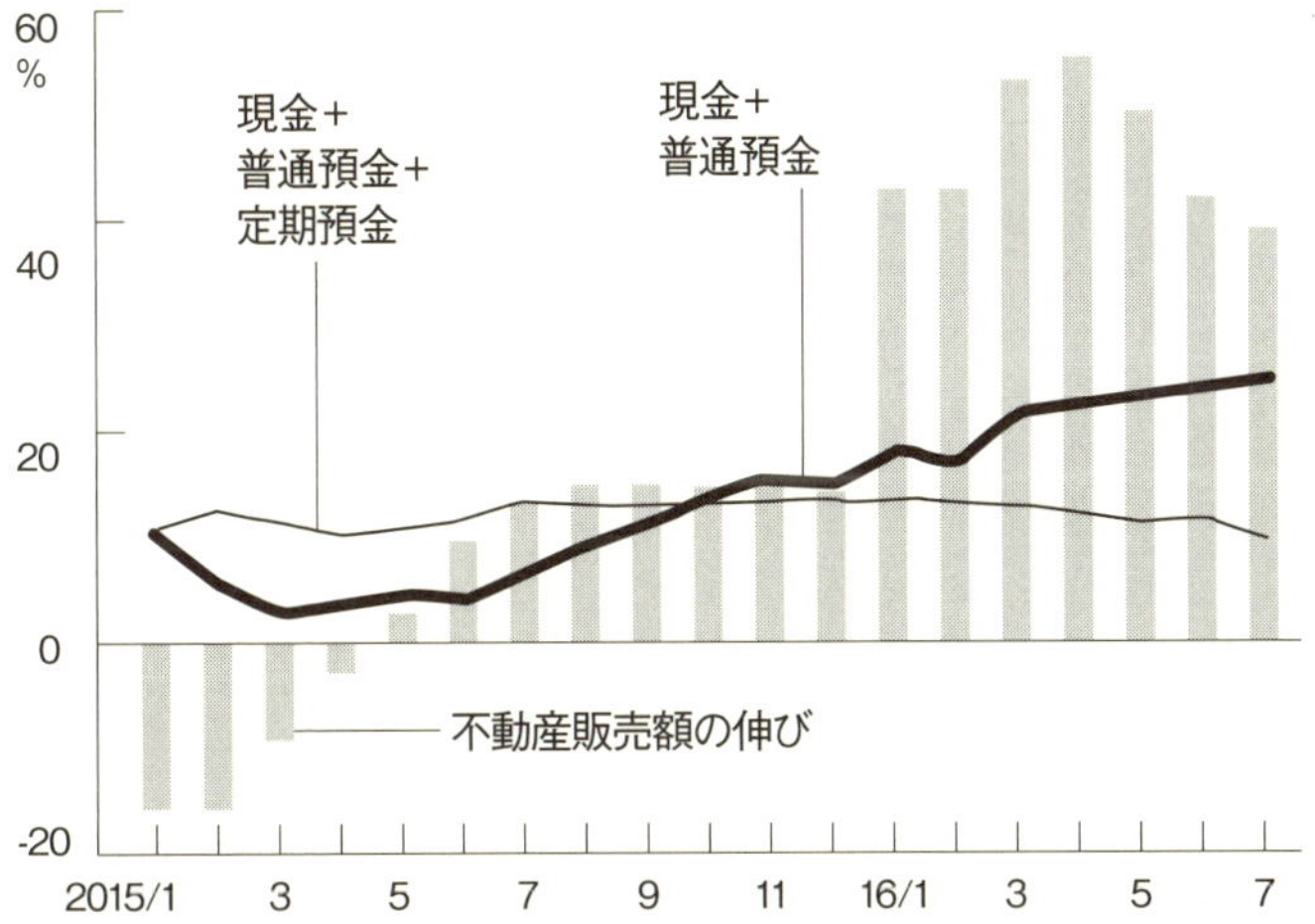

（注）出所は中国人民銀行と国家統計局。前年同月比増減率。不動産販売額は累計の前年同期比増減率、1〜2月は等速と仮定

業の拡大を抑えたいという中国政府の思惑が透けて見える。ゾンビ企業優遇の金融政策を進めた結果、民間企業の投資が激減し、中国経済の低迷に拍車を掛けているのです。

また、民間投資の急落は中国のマネーの異変からもうかがえます。利回りが低く、預け先として不人気なはずの普通預金が、二五・四％増と急増する一方、利回りが高い定期預金が伸び悩んでいます。いつでも現金を引き出せる普通預金に集中しているわけです。

ゾンビ企業改革が急務だというのに、むしろ逆行し、その延命に躍起になっている姿が浮き彫りになりました。

中国の債務は、これまで述べてきた

世界のM&A全体に占める中国企業の比率は急速に高まった

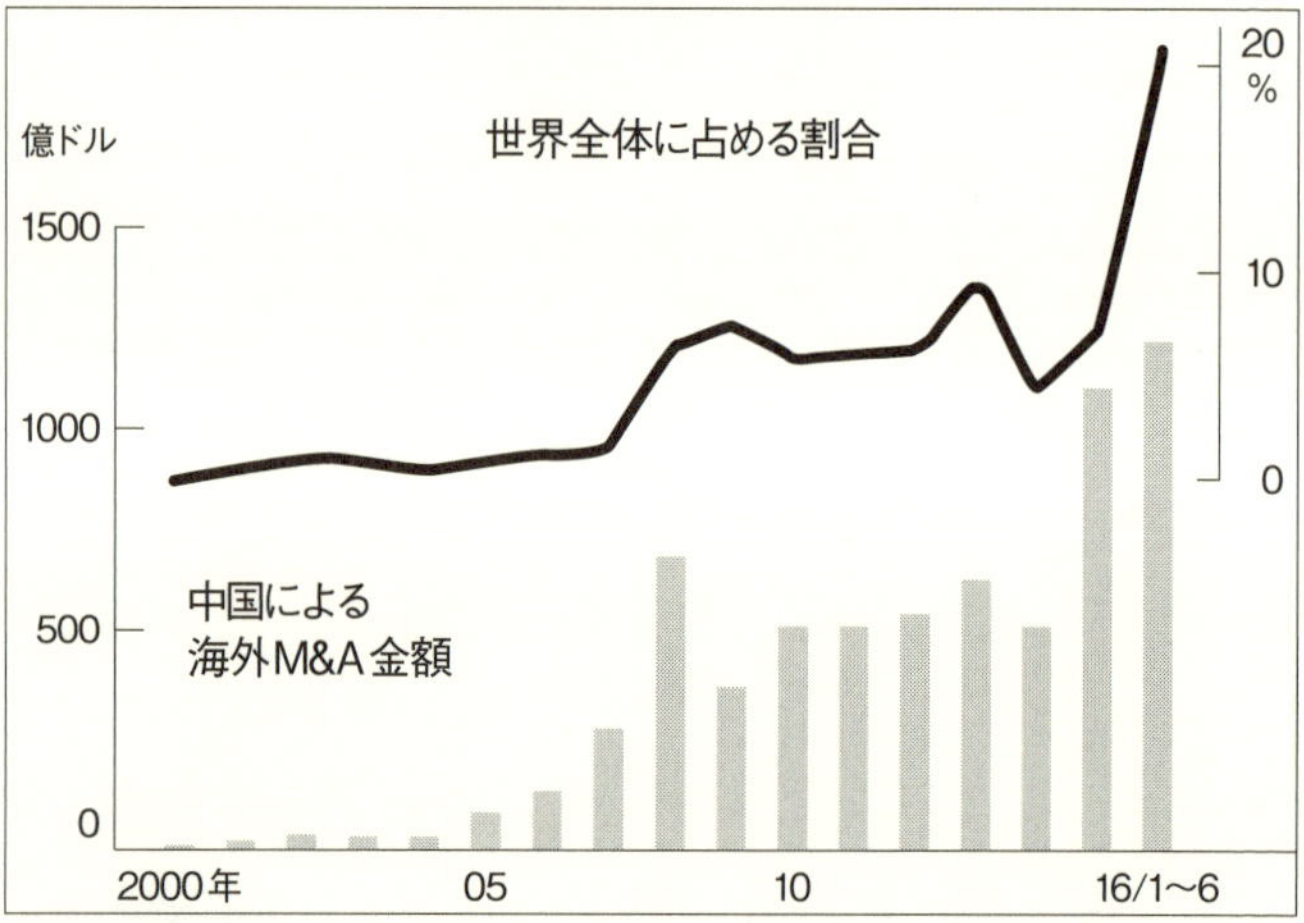

出所：日経新聞

国有企業の「社債」、ならびに中国の中央、地方政府を合わせた債務のトータルですが、『フィナンシャルタイムズ』によるとGDPの二六〇％、およそ二六〇〇兆円と推測しています。ウォール街のファンドマネージャーで、サブプライム危機を正確に予想したジョン・タルボットはもっと多く、中国の債務は三三〇〇兆円と見積もる。この天文学的数字が恐ろしいことに、さらに拡大しているわけです。

もっとも石平氏は、多くの民間企業にたとえ資金があったとしても、投資が伸びない事情があるといいます。「習近平政権が進めている『改革への逆行』と『毛沢東時代への回帰』の政治路線

郵便はがき

料金受取人払郵便

牛込局承認

7734

差出有効期間
平成30年1月
31日まで
切手はいりません

162-8790

東京都新宿区矢来町114番地
神楽坂高橋ビル5F

株式会社ビジネス社

愛読者係行

ご住所 〒 TEL: ( ) FAX: ( )		
フリガナ お名前	年齢	性別 男・女
ご職業	メールアドレスまたはFAX メールまたはFAXによる新刊案内をご希望の方は、ご記入下さい。	
お買い上げ日・書店名 年 月 日	市区 町村	書店

ご購読ありがとうございました。今後の出版企画の参考に
致したいと存じますので、ぜひご意見をお聞かせください。

書籍名

お買い求めの動機

1　書店で見て　2　新聞広告（紙名　　　　　　　　　　）
3　書評・新刊紹介（掲載紙名　　　　　　　　　　）
4　知人・同僚のすすめ　5　上司・先生のすすめ　6　その他

本書の装幀（カバー），デザインなどに関するご感想

1　洒落ていた　2　めだっていた　3　タイトルがよい
4　まあまあ　5　よくない　6　その他(　　　　　　　　　　)

本書の定価についてご意見をお聞かせください

1　高い　2　安い　3　手ごろ　4　その他(　　　　　　　　　　)

本書についてご意見をお聞かせください

どんな出版をご希望ですか（著者、テーマなど）

が民間企業への展望を失わせ、彼らの投資意欲を殺してしまった」（『産経新聞』「China Watch」）。

その一方で、中国の民間企業は積極的に海外への投資を拡大しています。今年の上半期の海外への直接投資は八八八・六億ドル（九兆円）にも達し、前年同期比五八・七％増です。

つまり、中国の民間企業自身が中国を見捨てて逃げだしにかかっている。しかも人民元がドルと交換ができ、レートの高いうちに海外不動産、海外企業の「爆買い」をやってしまおうというわけです。

韓国崩壊の萌芽は盧武鉉

宮崎　中国経済の分析はこれくらいにして、韓国経済を分析したいと思います。韓国は四月の総選挙与党惨敗で過半数割れをおこし、朴槿恵《パククネ》政権は完全にレームダック。加えて経済も想像以上に悪化しているのじゃありませんか？

渡邉　韓国は内政も外交も経済もすべてにおいて歯車が狂い、しかも修正ができない根源的な理由は、やはり韓国文化伝統の事大主義に陥っているからでしょう。

いまの韓国を分析するうえで、非常に重要なのは、盧武鉉《ノムヒョン》政権が誕生したときに日米との亀裂が確実なものになってしまった、ということです。

日本やアメリカ側から見れば、韓国は地政学的に安全保障上重要な位置を占めていました。東西冷戦では共産主義社会、旧東側社会の橋頭堡《きょうとうほ》として、また自由主義陣営のショーケースとしても利用されてきた。韓国を支援することが日本の国益だった時代があった。ところが、東西冷戦構造が終わったことにより、韓国の位置づけがあやふやになってしまったわけです。

韓国は日本につくられた人工国家

渡邉　それと同時に、一九九七年の東アジア通貨危機によって、韓国の持っていたプチ日本型の経済構造が破壊されてしまいました。韓国は日韓基本条約（一九六五年）を調印し、請求権を放棄するかわりに、日本から総額八億ドル（無償三億ドル、政府借款二億ドル、民間借款三億ドル）の援助資金を受けて、同時にさまざまなかたちで技術供与も受けてきた。

韓国最大の鉄鋼企業であるポスコ（旧・浦項総合製鉄）も新日本製鐵からの融資や技術導入を受けていたし、現代《ヒュンダイ》自動車は三菱自動車から、百貨店事業やホテルなどのサービス部門で有名なロッテは、在日韓国人が日本での収益をもとに起こした財閥でした。

いってみれば韓国は日本の援助によりできた人工的な国家であり、東アジア通貨危機により財閥が解体されるまでは、日韓関係は非常に友好的だったのを、東アジア通貨危機によって、日本との資本関係が壊れると同時に、アメリカ型のグローバリズムが大量に流入してきた。

ＩＭＦは財閥を解体し、同時に財閥にぶら下がっていた中小下請け企業のほとんどが破《は》綻《たん》してつぶれしまった。おかげで、一〇大財閥がＧＤＰの七割を超えるという非常に歪《ゆが》んだ経済構造になってしまった。

また、日本や海外企業との戦いにおいて、選択と集中という形でスクラップ＆ビルドで各財閥が一業種に特化していきました。たとえばサムスンであれば液晶、ＰＣ、携帯電話など黒物家電、自動車であれば現代というかたちで一業種一社製に近いような国家構造をつくっていき、これが韓国の強みの一つでもあった。つまり、規模の利益を享受することができたわけです。

しかし賃金の上昇とともに、韓国も国内生産から海外生産に移らざるをえなくなり、日本と同様に中国へ進出した。こうした日本や韓国の企業の投資が現在の中国の発展の土壌となったわけです。

ところが中国が発展しだすと今度は韓国企業切りがはじまりました。

これは日本が陥った罠《わな》でもありますが、新興国への技術供与が結果として日本企業のライバルの育成となってしまったわけです。ただ日本と韓国の違いは、日本の場合は生産機械や基礎部品といった基礎的技術を国内に温存しましたが韓国はそうではなかった。つまり、日本企業は中国では組み立てを移行したにすぎなかったのですが、もともとそれは日本が韓国企業に与えてきたものと同じものであって、韓国にはこの基礎的技術部門がほとんどないに等しい。

たとえばサムスンは巨大な企業に見えるのですが、サムスンの液晶やＣＰＵメモリなどをつくっている生産機械は、ほぼ一〇〇％日本製で、シリコンウエハやアルゴンガスなど基礎的材料もそうです。そういう日本の技術に極端に依存した構図、いわば虚業に近い拡大をしてきたのが韓国経済でしたが、日本企業も追い詰められ、政治的にも日韓関係が悪化していくなかで、これまでのように韓国企業を甘やかさなくなったということでしょう。

事大主義＝小中華主義という病理

宮崎　いま虚業とおっしゃったけれども、韓国人はものすごく虚栄心が激しい。応接間に必ず大型テレビを置いているが、それは映らない。本棚には必ず文学全集が入っているけれど、箱だけ（笑）。そういう国なんですよ。

先ほど渡邉さんは韓国の事大主義をおっしゃいましたが、深く掘り下げればそこで、韓国もユーラシアの論理で動いているということです。朝鮮半島はユーラシアのなかの辺境なのです。われわれ日本人から見れば目の前にぶら下がった半島という感じしかしませんが、いまの朝鮮人にとっての誇りには、たまに中国を攻めてその一部を奪ったという歴史がある。常に大国に苛《いじ》められているから、大国との距離をとりつつ、それでいて非常に短慮、かっとなりやすくて近視眼なため、目の前の大国にはおもねる。おもねるばかりかよせばいいのに自分からとんでもないことをいいだす。

たとえばシルクを毎年何千反貢ぎましょうとか、美女も毎年一〇〇人献呈しますとか。十三世紀のフビライハンのときには自ら日本を攻める先兵を買ってでて、モンゴル帝国をけしかけた。そういうことを平気でやるというのが事大主義です。ユーラシアにおいて中華思想なるものはコンプレックスの裏返しだとまえにいいましたが、現代韓国のあの激しいナショナリズムももう一つの裏返し、つまり大中華思想ではなくて小中華思想の裏返しです。これは日本にとっては非常にややこしくて、不幸な歴史です。

日清戦争を思い出してみても、結局原因をつくったのは韓国です。

大院君《だいいんくん》と閔妃《びんひ》の権力闘争に外国を利用し、しかも後ろ盾の相手国をころころとかえた。

後者は後ろ盾だった日本を捨て、清国につき、政権を奪取したとたんロシア側に寝返る。

恥知らずにも日本とも寄りを戻そうとする。

戦後ではむしろ北朝鮮がそれを見事にやりましたが、中韓蜜月から親米に急旋回した朴槿恵政権に至るまで一事が万事です。事大主義がそうさせるのです。

冷戦構造ではアメリカのお先棒を担いで真っ先にベトナム戦争に協力する。韓国がベトナムでなにをやったのか。強奪、暴行、集団強姦、虐殺。もうベトナムじゃぁ韓国への恨み骨髄ですよ。

戦前三六年間の日本との合邦時代は、日本は道路をひき、鉄道を整備し、学校をつくり、ダムに発電所まで建ててあげた。それだけの恩になりながら全然恩義に感じていないというのは、いまもまったくそうでしょう。

六〇年代後半に、韓国にはじめて取材にいったとき、首相以下閣僚が勢ぞろいで出迎えてくれた。みんな日本語ペラペラで、毎晩接待になりましたけれど、いま思うとあれは本当に計算された親日だったわけです。

朴槿恵の父である朴正熙《パクチョンヒ》が暗殺されて、次の軍事政権になったときに、それまで反共だった姿勢が一変する。日本国内でも親韓派といわれていた政治家や知識人がみんな反共だったのがひっくり返って、突然岩波書店とか朝日新聞重視になった。私たちではなく、大江健三郎あたりが韓国に招待されるようになった。その典型が加瀬英明さんの入国禁止事件とか（笑）。

韓国の大統領が盧武鉉のまえの金大中《キムデジュン》になってまったくおかしくなったんですね。

金大中なんていうのは、日本に相当世話になっていた。彼の亡命のときの保証人は、木《き》内信胤《うちのぶたね》とか、いってみればみんな反共の人たちです。それが韓国に帰るやいなや、日本人が挨拶《あいさつ》に行くと、あの人は野党時代だったのですが、一段高いところにいて、おじぎする日本人が這《は》いつくばるような姿勢になる位置にいた。そういう演出を平気でした。

私にいわせると日韓関係がガタガタになる布石は金大中あたりが一番の転機です。盧武鉉はその仕上げをやったと思う。

「反日法」「天皇謝罪発言」で日本から見捨てられた韓国

渡邉　盧武鉉政権がとんでもないのは、いわゆる「親日法」（親日反民族行為者財産の国家帰属に関する特別法）という、戦前に日本から利益があった財閥の資産は没収できるという、遡及法《そきゅうほう》をつくってしまったことです。これによって民間同士のパイプがほとんど切れてしまいました。韓国側で日本つなぎをやってくれた人たちもいなくなってしまった。

その後、日本生まれの李明博《イミョンバク》大統領（〇八―一三年）という右寄りの政権ができたものの、リーマンショック以降ふたたび韓国が通貨危機に見舞われ、ただでさえ外貨準備が少ないうえに、外資が外貨の回収を進めたために、いつ破綻してもおかしくない状況に陥りました。そのとき助けたのも日本です。

当時、李明博は麻生総理に慰安婦問題を二度と持ち出さない、反日的行動もとらないのを条件に、スワップを懇願したのです。ところが二〇〇九年に民主党政権が誕生したとたんに、李明博は手のひらを返し、一二年八月には天皇陛下に土下座しろとまでいい日本国民を怒らせた。おそらく李明博はふたたび自民党政権が誕生することはないと高をくくっていたのでしょう、はたして自民党が政権に返り咲いて以降、日本からの経済援助を得られない苦境に陥っていたというのが、ここ数年の韓国です。

したがって、韓国は自前で基礎技術を研究しなくてはなりませんでしたが、一朝一夕でできるはずがない。

ポスコは新日鐵住金の方向性電磁鋼板をコピーしたことで同社から訴えられ、三〇〇億円の和解金と、ライセンス料の支払いと、販売可能地域の制限などを命じられました。また造船企業でも、高品質の日本の商船と低価格の中国船に挟まれ、韓国の造船会社大手三社の商船が売れなくなってしまった。そして、それを打開するために新規にはじめた海洋プラント（石油掘削リグ）建造でも、生産技術がたりないため、受注に追い付かず、クライアントに売り上げに対する三〜五倍の賠償金を払う始末です。一五年は三社ともに兆ウォン単位の赤字を出しています。

宮崎　事実上の倒産ですね。サムスンのスマホは機中で〝爆発〟するし（笑）。某邦銀は、このサムスンに三兆円も貸しこんでいます。

韓進海運破綻で世界に混乱をまき散らす

渡邉　同様に造船と表裏一体の関係にあるのが、今回破綻した海運最大手で世界七位の韓《ハン》進《ジン》海運で、韓国は海運業も壊滅的な状態になっています。これによって物流混乱が起きて、約一四〇億ドル相当の貨物が、身動きの取れない状態に陥っている。本来、海運会社のようなインフラを担う会社が破綻するとなれば、代替処置を国家が敷くのが常識です。

韓進海運を例にあげれば、九八隻のコンテナ船のうち、約三分の一の三七隻が韓進海運の所有で、残りの六一は用船といって借り物の船ですが、用船契約をする場合、船会社は船だけでなく、船長ごとレンタルします。この三分の二の用船は、レンタル料が未払いということで、運航を中断している。韓進海運が保有する船にしても、外国の港に入ると、寄港料未払いのため船自体差し押さえられ、料金を支払うまで接岸や荷役作業ができない。あるいは、韓進海運の船舶に対して現金での支払いを要求し、事実上の入港拒否をする港も相次いでいる。

韓進海運の経営が赤字に転落したのは、一一年のことで、以来大幅な赤字経営が続いたのでいまにはじまったことではありません。こういう事態は想定内だったはずなのに、韓国政府はなにもしてこなかった。韓国だけの問題ではすまず、日本もふくめ世界にただ混乱を与えているだけの状況です。

宮崎　韓進海運の業績の悪化は、オーナー家の経営判断の誤りが一因。金融危機のあった〇八年に保有船を売却して、用船会社からのチャーターに切り換えた際、現在の国際相場からすると五倍の金額で契約を結び、しかも運賃が下落したのが大きな痛手となった。韓国内では現代商船との経営統合を求める意見もあるようですが、うまくいかないでしょう。

韓国国家そのものが機能不全

宮崎　結局、セウォル号事件（一四年）と同じ構図です。積み荷を何トン積んだかわからない、乗客数をごまかして何人乗船しているかもわからない、指揮官の大統領は「空白の七時間」でなにをしていたかいまだに謎。

渡邉　日本では一二年に三光汽船の二度目の破産が起きましたが、アメリカとイギリスでもすばやく破産手続きを行い、船の差し押さえの手続きを取り消す訴訟を起こし、航行再開に至っっていました。とにかくこういうときに優先すべきは預かり物の荷物を届けることですから。

宮崎　照国海運がその前例で、つぶれたときにギリシャになにからなにまで全部差し押さえられて、日本は痛い目にあったから、三光汽船のときの教訓になった。
渡邉　普通の国はオペレーションがあるわけですよ。そのために船主組合があって国による補償制度とか保険制度とかがあるのですが、韓国はこれがまったく機能不全になる。結局、これが韓国のすべてを物語っているということですね。
宮崎　国自体が機能不全（笑）。
渡邉　（笑）。ただでさえ貿易依存度が八一・二一％（一四年時点。日本は三一・六六％「GLOBAL NOTE」）と高いのに。韓進海運はコンテナ船会社ですが、タンカーだったらエネルギーが来ないという最悪の事態が起きるところでした。

愛国心がまったくない韓国人

宮崎　韓国国民にしても、国家の帰属意識とか国家観で見ると、あの半島の人たちというのは、結局愛国心が全然ない。だからすぐ逃げるでしょう。

アメリカにすぐ移住した人がいまどれぐらいいる？　少なくとも一五〇万～二〇〇万人ぐらいいるでしょう。世界中にいる。

海外への移住者を見てもユーラシアの辺境である特徴がわかります。アメリカのチャイナタウンに行くとそこへへばりつくように周りがコリアンタウンです。

つまり中国のあとにべったりと寄生虫のように食らいつく、というのが韓国人の一つの生き方になっている。

それから海外に出ていった中国人というのは中国には帰らない。だからアメリカに行ったらみんなアメリカで国籍を取る。韓国ではそれを聞いてまた行きたがるんだけれど、アメリカは確か年間二万四〇〇〇人ぐらいしか韓国の移住の枠を認めていない。日本は一万六〇〇〇人分くらい枠がありますが、毎年一人か二人でしょう。自らアメリカ人になりたいという日本人はあまりいないですから。その枠をオーバーしても行きたい人が殺到するから、不正が横行する問題が生じています。つまり、キリスト教の牧師と称して特別枠で入るわけです。

韓国は儒教の国かと思っていたら、いまやキリスト教徒が六〇%ぐらいいる。韓国のキリスト教というのはほぼインチキなんですがね。

渡邉　ウリスト教徒です（笑）。

宮崎　教会をつくって寄付を集める。日本の一人一党みたいなものです。ボコボコ教会ができる。そしてアメリカのキリスト教会とのコネクションをつくって、アメリカに行く。

とにかく利用できるものはなんでも利用してしまう。それは戦前だってそうでしょう。日本で稼げると思ったからみんな来たわけで、あれは強制労働でもなんでもないわけで、みんな志願してやってきた。創氏改名もそうでした。

渡邉　逆にいえば、日本はかなり世界に迷惑をかけていることになる。遅れていた韓国に対し、近代農業をつたえ食料供給を改善、人口を四倍くらい増やして、一種の発音記号でしかない、ハングルという言語を公用語にしたことで、文盲率が九五%だったのを約四〇%まで減らしてしまった（笑）。

宮崎　その人たちが世界中にでてってるわけですね。これは決して自力ではないのに、大きな勘違いを生ませてしまったわけです。

日中に挟まれ瀕死の現代自動車

宮崎　現代自動車はどうですか？　ロシアやインドでは現代はよく走っているのを見ますよ。

渡邉　自動車にしても、韓国は造船と同じような日中挟み撃ちの構図に苦しんでいます。性能では日本車には敵わず、安価では中国に敵わない。日本車より安くて、そこそこの性能という売りだったのが、アベノミクスによる円安の影響で韓国の競争力が日本車と逆転して、急激にシェアを落としている。ＶＷやＧＭなど欧米のメーカーも人件費が安かった中国で車をつくらせていて、マーケットを奪われてしまった。

宮崎 アメリカでの現代の売り方が酷かった。一台買ったらもう一台はタダ！ おそらくいまヨーロッパでもその売り方をやっていますよ。現代の問題は、燃費効率がべらぼうに悪い。

渡邉 もともとは、三菱の技術なので、技術的には上がってきたといわれてはいますが、やはり現代からなにか特徴的な車がでたかというとない。

宮崎 デザインまでみんなコピーだからね。だいたい、ロゴからしてホンダのマークを真似たようなデザインです（笑）。

渡邉 ただ現代自体は日本でも全盛期にはソナタを中心に車の販売が年間六〇〇〇台ぐらいあった。それがいまは日本国内の販売台数がなんと三八台（二〇一五年度）。

宮崎 そんなにあるんだ（笑）。これもサンプル搬入かと思っていましたから。

渡邉 （笑）これでもがんばっているほうですよ。一時は六台か七台くらいまで落ちたこともありましたから。それと比べると年率二〇〇％～三〇〇％UPで売れている。ただこれは自家用車じゃなくて、じつはユニバースという観光バスががんばってます。

元大統領の末路とロッテつぶし

宮崎 百貨店事業やホテルを手がけるロッテグループは創業者とその後継者である次男の

重光昭夫氏（＝韓国名・辛東彬《シンドンビン》）、昭夫氏との相続争いが続く長男の宏之氏（＝韓国名・辛東主《シンドンジュ》）が背任、横領などの疑いで取り調べを受け、在宅起訴となりました。

渡邉　ロッテは、もともと在日韓国人が日本での収益をもとに起こした財閥ですね。ロッテは前政権だった李明博の巨大スポンサーだったため、いまあら探しをされている。韓国が悲しい国である大きな理由は、大統領が辞めると逮捕されたり、自殺させられたり、死刑になったりする。

宮崎　青瓦台は地下トンネルが刑務所につながっている（笑）。このジョークは韓国人がいっているから間違いない。

渡邉　じつはいま、日本と韓国の税務当局の連携が進んでいます。二〇一三年、日本の税務当局は韓国の税務当局と連携し、韓国の銀行の在日支店、および韓国系銀行である新韓銀行（ＳＢＪ銀行）への一斉特別監査を行いました。この際に、韓国当局は膨大な、資料を手に入れたといわれています。

　その後、韓国の銀行の在日支店は、ほぼすべてが業務改善命令を受ける事態となりました。これは反社会的勢力への融資や、不正な送金に絡むものとされています。そのなかにロッテが含まれている可能性を韓国のメディアなどが報じており、当時から話題となっていました。

今年（一六年）にはいり、ロッテは日本と韓国にわたって、長男、次男の間で相続問題が発生し、どちらが主導権をにぎるかで揉《も》めていました。そんななかで李明博への裏金問題などへの政界汚職の疑いも表面化したわけです。これをうけて、韓国当局は、日本在住の在日韓国人である会長の三番目の妻の旅券無効など強制入国措置を、日本当局に求めました。日本と韓国においてこのような処置がとられたのははじめてであり、関係者および在日韓国人社会に大きな動揺が走っています。

外国人である限り、その地位を保証するのは旅券発行国の政府であり、日本はＩＣＡＯ（国際民間航空機関。イカオ）の定める国際条約に基づき、預かっているにすぎず、たとえ日本で永住許可を持っていたとしても、旅券が無効になった場合、外国人は母国に帰らなければならなくなるわけです。

今回はロッテですが、同様の状況にある在日韓国人たちは非常に多く、前例ができたことにより、第二第三の事例がでる可能性がでてきたわけです。

また、韓国は〇九年に公職選挙法を改正し、在外韓国人に対しても選挙権を与えましたが、一方彼らを優遇していた兵役免除も解消へと向かっています。韓国には徴兵制がありますが、これまでは在外韓国人は免除されてきました。しかし、このような優遇に対して、韓国国内から強い不満がでています。そうした意味でも、日本に住む在日韓国人の位置づけはかわらざるをえないかもしれません。

これはヤバイ韓国の未来

渡邉　サービス業もダメ、鉄鋼も造船、海運もダメ、自動車もダメ、最後の頼みの綱のサムスンは基幹である新型スマートフォン「ギャラクシーノート7」が爆発し、全一〇カ国・地域で二五〇万台を回収する目も当てられない事態が生じています。そして回収し、交換したノート7でも爆発が発生し、全世界で使用中止を求め、販売店に対し販売と交換を停止するように要請せざるをえない状況になってしまった。ノート7はこれはヤバイというCMを打っていたわけですが本当にヤバくなっちゃったわけです（笑）。

宮崎　今回の爆発による「ケガ人は出ていない」とサムスン側は説明しましたが、米国の消費者製品安全委員会（CPSC）によると米国では九月十五日までにやけどが二六件、車や車庫に火が燃え移る事故も五五件起きている。今後、訴訟問題も深刻ですよ。

渡邉　それから韓国の問題は、金融においても六大金融機関のうち一行だけ、ウリィ銀行以外は全部外資系に乗っ取られており、民族資本というものがない。なぜかというと、東アジア通貨危機で全部つぶれてしまったからです。ウリィ銀行だけは唯一生き残った民族資本なんだけれども、これは株主が韓国の預金保険機構なのですね。七割くらいの預金保険をいまだに持っていると思いますが、いまウリィがつぶれると預金保険がでない。

宮崎　ということは預金者全滅。

渡邉　生命保険でいうとサムスン生命が五〇％ぐらいシェアを持っているのですが、主な貸付先がサムスンなので、サムスンになにかがあるとサムスン生命も一蓮托生《いちれんたくしょう》で逝ってしまう。

宮崎　プレミアムが取れないと。まぁ、そこは中国と同じだね。

渡邉　結局、サムスンなんですよ。韓国はなにかといったらサムスンなんです。サムスングループは一社で韓国のGDPの約二割を稼ぎ出しており、携帯電話事業は、サムスン電子の利益の七割を稼ぎ出す構造となっていました。つまり、今回のノート7の爆発は、韓国のもっとも大切な大黒柱をポキッと折ってしまったことになるわけです。

ただでさえ、九月から十二月のクリスマス商戦はアメリカの年間消費の四〇％を稼ぎだす大事なときで、だからこそアップルも毎年この時期に新商品を発表しているわけです。今回のトラブルで、一気にリコールと補償金などで利益が飛ぶだけでなく、同業他社に一気にシェアを奪われるのではないでしょうか。となると、残念ながら、次がない。

さらに、サムスンを巨大企業に育て上げたサムスン電子の会長の李健煕《イゴンヒ》がいまも植物人間状態で、もう一年以上たっています。ところが、いまだに後継者が見当たらない。サムスンは循環出資などを利用し、外資に株は買われていたものの、李健熙一族の企業支配構造は壊れていなかった。これに目を付けたアメリカの禿鷹《はげたか》ファンドがサムスングループの分割を要求、内部留保を吐き出すように迫っています。

一方、李健熙一族内も李健熙亡きあとを見据えて相続問題がすでに起きており、この構造が壊れるとサムスンが一気に弱体化する可能性も指摘されています。

宮崎　亡くなればそこでまた凄《すさ》まじい権力闘争が行われるわけだ。そういう意味じゃ新興宗教の教祖争いと一緒ですね。願わくは、そのとばっちりが日本に来ないことを祈るばかりです。

第六章　世界大地殻変動でどうなる日本経済

第一節　断末魔のグローバル金融

アベノミクスと消費税増税でスピンしたままの日本経済

宮崎　これから、二〇一七年に日本経済がどうなるかを展望したいと思います。

第三次安倍内閣第二次改造（二〇一六年八月三日）にあたって、安倍晋三首相は記者会見で、「最優先課題は（改憲ではなく）経済の再生だ」といいました。

まさに世界大乱の現状を踏まえれば、日本経済のエンジン再稼働、経済再生は喫緊《きっきん》の最優先課題です。日本経済低迷の過去四半世紀にわたる宿痾《しゅくあ》は「デフレ」ですが、はたしてアベノミクスでデフレからの脱却は可能でしょうか？

渡邉　端的にいって、当面日本はデフレからの脱却ができないでしょう。二〇一二年の十二月、安倍政権はデフレからの脱却を最優先課題として掲げ、選挙に勝利しました。アベノミクス三本の矢である量的緩和・財政出動・成長戦略という大きな方法論を掲げたわけですが、一本目の矢である量的緩和に関しては、急激な円高を抑制するという大きな役割を果たしたもののその効果は薄れています。二本目の財政出動も、成果がないわけではないがまだ不完全。三本目の成長戦略は、そもそも論として資本主義国家である日本が、民間が行えることを、政府がどこまで介入すべきなのかという議論もあり、現実的には各種業界団体の利権誘導・補助金誘導に使われているにすぎないのではないでしょうか。

しかし一番の原因は、消費税増税でしょう。アベノミクスにより景気改善、実体経済の改善、人々の消費意欲が高まりつつあるなかで、消費税五％から八％への増税によって、アクセルを踏み込んでいながら急ブレーキをかけるという誤った選択をしてしまった。いうまでもなく、消費税は商品に税金をかけるという基本構造があるため、消費減退を招きやすい税金であって、それをわかっていた安倍総理は、消費税増税を延期するかと思いきや、財務省等の増税圧力に屈するかたちでそれを行ってしまった。それ以降アベノミクスはいわゆるスピン状態に陥っており、改善の様子がいまのところ見られません。

宮崎　少し見通しが悪いかな。

GPIFによる株価下支えはドーピング

渡邉　その後消費税増税による景気悪化の反省から、増税延期を二回決めたものの、中国バブルの崩壊、ヨーロッパの金融不安、米国の利上げなど外的経済のマイナス要因が増加するなかで、新興国のマーケットも冷え込みつつあり、円高も加わり輸出も伸び悩んでいるというのが、いまの日本経済をとりまく概観なのだと思います。

宮崎　アベノミクスの初動のときには急激な円安になって輸出に強い企業の株価がものすごく上がった。それが昨今はもとに戻ったような感じでしょう。

渡邉　株価全体で見ると民主党政権時に八〇〇〇円前後だった株価が、いまだに一万七〇〇〇円近辺なので二倍近くの値をキープしてはいます。ただ短期的な上げ下げはあっても、消費税増税以降ずっと足踏み状態で踊り場から抜けだせない状況なんですね。この株価にしてもGPIF（年金積立金管理運用独立行政法人）の資産構成割合の変更による点滴、というかドーピングによって無理やり維持している側面もあって、純粋な市場原理によって生み出されたわけではないのです。結局、日本経済の中長期的な不振の本質的な理由はなんといってもデフレです。

日本の資産構造を見た場合、貯蓄率が高く資産もないというわけではまったくない。ところが消費意欲が非常に低い。消費の改善がなかなか見られないというのが最大の問題で、「金は天下の回り物」といっていた金銭感覚から「消費は悪である」と貯蓄する志向が、国民全体に染み付いてしまっている。これをとるにはバブルを恐れず、一気にブーストをかけなければなりませんでした。これに失敗したということは間違いないのでしょう。

消費の世代間格差

宮崎　それに付け加えると、消費するのはやはり若者ですよ。服を買いたいとかハンドバッグの流行のものがほしいとか。その若者たちの可処分所得がものすごく減ってしまっている一方、国内の温泉旅行とか海外のクルーズとか、金のかかるところに行くのはリタイヤ組の老人たちです。豪華クルーズなんてジジババで満員だった。この二極分化が起きているというのがまず一つ。

もう一つは日本の消費税だってヨーロッパに比べたらまだ低い税率なわけでしょう。ドイツなんて「消費税」にあたる「付加価値税」は一九%。日本はまだ八%で二分の一以下です。それにもかかわらず、ヨーロッパはまだ、健気に消費欲はあるんですよ。ここがわからない。やはり国民性の違いがあるのでしょう。

渡邉　ヨーロッパの付加価値税が、日本はもともとない風土だったということもあると思います。そのかわりかつては間接税があったわけですが、間接税は内税で見えないかたちだったからよかった。消費税は目の前に見えてしまう。そうしたことにも大きな問題があるのでしょう。

それからメディア側にも大きな問題がある。当然ですが、物の値段が上がらないと企業の利益はでない。物の値段が下がる世界がデフレで、日本は何十年もそれに苦しめられてきたわけです。それなのに、物価がちょっとでも上がると庶民の生活が困窮するとメディアは大騒ぎする。これでは企業も値上げがしづらい。逆にいえば、企業の付加価値を高めるという本来の企業活動に大きなマイナス影響を与えているのです。

高齢者の資産構造の歪みがあるのと同時に、マイナス金利とかゼロ金利で低金利が完全に定着してしまっている。この低金利の問題というのは、金利所得がないので金利に対して課税もされないことです。金利所得が国民全体として得られない。資産を持っている年寄りがいても、若年層への資産移転がなかなかうまくいかない構図になっている。政府としては、一五〇〇万円までの学費援助だとか生前贈与などで若年層への資産移転を進めようとしているわけですが、現実問題としてうまくいっていないのが現状です。

核家族化の進行により同居世帯が減っているというのも、貧困化の原因であって、世代間での資金の移動がうまくいかなくなってしまった。これを促すために本来資産課税の導入なども検討しなければならない。

日本の税制では、貧者・弱者といわれる人たちが本当に弱者かというと、そうじゃない人たちが弱者として扱われている面があります。

たとえば月収三〇万で、資産のマンションは持っているけれども、それ以上のローンを抱え、子供たちを学校で育てなくちゃいけない学費がかかる世帯と、二億円の資産を持っているけれども、年金だけで生活している世帯で、どちらが弱者かというと、税法上は後者が弱者になってしまう。所得税中心の税制だから、所得のないほうが弱者とされるからです。

したがって、こういう歪みを本来取らなくてはなりませんが、そうするには資産課税等が必要となる。ただ資産課税には大きな問題があって資産に税金をかけるとなると、不動産の買い手がなくなる。

日本独自の相続税を廃止し消費にまわせ

宮崎　ただ日本の場合は、諸外国にない相続税があるでしょう。だからどんなに資産を持っていても最後は相続税に引っかかる。結局資産は国に還元されてしまう。そういう意味で日本こそ世界で唯一の成功した社会主義国家といえる。

渡邉　消費税は国によってある国ない国があるし、アメリカでも州によって違うので、一概にはいえないんですが、相続税を払うぐらいなら全部使っちゃえと思う人が多くなれば景気はよくなるんですよ。

宮崎　もう一つは相続税に取られる分だけ借金をしておけばよいと。相殺されるから。バブルのときはそうやってみんな借金して楽しくやったのに、いまその楽しさがなくなってしまった。

渡邉　だからそれを「清貧の思想」などと、貧しいことが良いことだなんて思想が広まったのも、このデフレの弊害です。

日本人の多くはデフレという言葉を知っていても、なぜデフレが悪いのか知りません。デフレというのは今日より明日、明日より明後日と、より物の値段が安くなっていく現象です。一見、消費者にとってこれはとてもいいことのように見えますが、じつは社会全体として見た場合に大きなマイナス要因になるのです。

一〇〇円のものが九五円で買えるのは個人から見ればいいことでも、日本経済全体で見たら一〇〇億円のＧＤＰが九五億円まで減る。この縮小再生産が起きてきたというのがデフレであり、日本のいまの現状なわけですが、本来だったら金は天下の回り物で、お金をどんどん使う世界にしなくちゃいけない。ところがかつてあった終身雇用、年功序列制度などが完全に失われたわけではないけれど、弱まったことによって、社会保障の不安も生じたことによって、お金を使うことに対する不安というものが……。

宮崎　不安というより恐怖心。

渡邉　恐怖心が、実際より必要以上に掻《か》き立てられた。メディアも悪いのですけれども。

誤解されているマイナス金利政策の本当の狙い

宮崎　次に話したいのは、日銀によるマイナス金利の問題ですが、いまのところ日本経済にとってプラスかマイナスかよくわからない。

渡邉　マイナス金利が誤解されている最大のポイントは、この政策の狙《ねら》いは銀行が預けている日銀の当座預金がこれ以上増えるのを抑え、民間にお金を貸し出すよう促すことにあります。

銀行というのは銀行の銀行である日本銀行にお金を預けています。いわゆる当座預金ですが、保証金部分には本来金利はつきませんでした。それ以上入れても、当座預金なので当然金利がつかなかったのです。これがリーマンショックのあとに銀行を救済するために日銀に預けたお金に対して、金利をつけるようになった。ある意味、闇《やみ》の補助金です。日銀の当座預金は〇八年以降最高の二五〇兆円まで拡大し、このうち保証金に該当する準備預金の約三〇兆円を除く二二〇兆円に〇・一％の金利がついていました。つまり、年間の金利二二〇〇億円が、日銀から銀行にノーリスクで支払われ続けているわけです。ここはまったくいじくらないで、二五〇兆円を超えた分だけをマイナス金利（貸し手の銀行が損）にすると。

要は「日銀にこれ以上金を預けないでくれ」といっているにすぎない。

宮崎　それはわかりやすい。

融資を放棄し異常に高い保険手数料で儲ける銀行

渡邉　お金を運用して利ざやをとるという銀行本来の業務に戻れと、民間に融資しなさいという話なわけです。したがって、銀行が貸し出しをしないで日銀に収めているというのは、本末転倒なんですね。金を貸さない銀行なんていらないですよ。金を貸せない金貸しなんて無能以外の何物でもなくて、これを政府の責任にしているという銀行システムそのものに大きな問題があります。いまそれで問題になっているのは、銀行が融資貸出先がないので、銀行員たちを食べさせるために、いわゆる金融商品、外貨建てのファンドや保険などを売っている。この保険の手数料率が異常に高い。海外に比べて一〇倍以上の保険の手数料をとっている商品もある。

なぜ外貨建てを勧めるかというと、為替で往復ビンタで儲《もう》かるからです。外貨に換えて儲かる。円に戻して儲かる。ファンドそのものの運用手数料プラスアルファ、両替の往復ビンタ手数料で、手数料一〇%などというわけのわからない商品もあります。たとえば一〇〇〇万円預けても、手数料が一〇%なので、最初から九〇〇万円の資産しか買っていないわけです。そんな商品で預金者にとってプラスになるわけがない。しかし手数料は保険料に含まれているため、顧客はどれくらい払っているかよくわからない。騙《だま》すようなかたちでそれを売って、銀行が生きながらえているというのが現状なんですね。

これは大きな間違いで、たとえば金融庁なり諮問委員会等は問題視していて、地方銀行などに対して「販売する保険商品やファンドの手数料率を開示しなさい」と要求している。本来だったら今年の十月からはじまる予定だったんですけれども、地方銀行界の大反発を受けて、延期されている状況です。

宮崎　地銀の姿勢に金融庁の森信親長官が激怒して、今後は首相の諮問機関である金融審議会で議論を行い、より幅広い範囲での手数料の開示を求めるという観測もあがっています。日経新聞（八月二二日）によると上場地銀八二行のうち四分の三の六二行が前年同期比減益になっていて、「再編」「分野統合」「異業種連携」の三つの道を模索する動きがあると報じています。マイナス金利による貸出金利の低下の影響も大きい。

渡邉　地方銀行の問題というのは、地方の財界とべったりの関係で、よくも悪くも地方銀行の株主が地方の財閥・財界の有力者であったり、彼らの縁故でファンドや保険商品を無理やり押し込んでいるのが実態です。金を貸せばいいのに、そうしないで、こういう手数料で小賢しい儲け方をしようとしているというのが問題です。政府は五年間延期しましたが、二〇二二年の三月までに銀行の集約化をしようとしている。少子高齢化にともなう人口減少のなかで、地銀はこんなに必要がない。

国が進めている政策としては二種類あって、銀行合併の方式としては水平合併と垂直合併の二種類があります。もともと地方銀行は、広域展開をする都市銀行、県内などを営業地域内に定める第一地方銀行、かつて、相互銀行である第二地方銀行、さらに、地域の信用組・信用金庫という金融機関がある。第一地銀・第二地銀のどちらも、県をまたがってのビジネスはできなかった。たとえば千葉銀行だったら千葉県内のみだったのを、異なる都道府県の銀行同士ホールディングスを使って合体させるのが水平合併。

垂直合併というのは、たとえば第一地銀・第二地銀・信用金庫まで含めた合併です。もともとは第一地銀と第二地銀とでは業務形態が違っていたのですが、いまの銀行法において業務に壁がなくなり、それなら垂直にくっつけようと。みちのく銀行がそうです。

もう一つ地方銀行が問題なのは、地銀が強すぎるがゆえに、メガバンクが行っているサービスが地方に入り込めないことです。たとえば、三メガバンクやりそななどはインターネットバンクが当たり前なのに、地銀は振り込み作業すらできず、サービス格差が生じてしまっています。

低金利でも借り手がいない

宮崎　基本的な問題は貸付先がなくなったことでしょう。逆にいえば低金利でも民間の資金需要がさほど伸びていないのではないですか？

渡邉　でも貸し付け努力すらしていないですから。

宮崎　ただ合併のデメリットもあって、うちの近所もそうですが、商店街に信用金庫がなくなってしまった。商店街というのは、信用金庫が毎日売り上げを集金に来たり、電話一本で二万円貸してくれと頼めば釣り銭で持ってきたりと、きめ細かな地域サービスがあったものです。これがいま消えつつある。

渡邉　信用金庫に関しては合併を進めていくなかで、まったくなくなっているわけじゃなく、地域金融機関として生き残るところは生き残るでしょう。

問題は、体質が古く近代化できていない信用金庫が多いことです。だから地方銀行と信用金庫を合併させて、サービスレベルを低下させないで生き残らせる、という方法を取らなくてはいけない。繰り返しますが、お金を貸さない金融機関はいらない。やはり銀行が金を貸さないというのも、デフレの大きな要因になっています。銀行の合併が進めば、バンカーでないバンカーが淘汰《とうた》され、日本のデフレの要因も解消される。

宮崎　住宅ローンぐらいでしょ。金を貸すっていうのは。

渡邉　いや住宅ローンもフラット35（住宅金融支援機構と民間の金融機関が提携して取り扱う長期固定金利型の住宅ローン）のほうが金利が安かったり、融資条件が甘いので奪われています。銀行もプロパーを売らず、リスクのないこのようなフラット35の単なる販売店になってしまっている側面もあります。ただし、その手数料がノンバンクよりも何倍も高い。だから、ネット世代の若い人たちは銀行を使わない。

宮崎　自動車は？　車だって五年ローンを平気で組むでしょう。

渡邉　あれもトヨタが直接ファイナンスしています。金融自由化によって、自動車会社がファイナンスしますから。一応銀行も自動車ローンとして売っていますけれども、自動車会社から借りたほうが金利が安い。

株価は一〇〇％為替連動

宮崎　株価ですが、ウォール街同様に日本の株式市場は実体経済と乖離しているのではありませんか？　日本株の低迷ぶりはウォール街とは逆ですけれど。

渡邉　乖離というよりも、為替と米国の株価の連動でしかないように思えます。為替が円高になれば、株価が落ち、反対に円安は株価が上がる。為替と米国の株価も連動しているので、アメリカの株価と為替が日経平均を決めているといってもよい状況なのでしょう。なぜこのような動きをしているかというと、指数先物取引（日経平均株価などの指数をある決められた期日に、あらかじめ決められた価格で売買する）が増え海外からのドル建て取引が増えているので、ドルで見た場合の、割高感割安感という要素だけで動いているからです。

そして、その為替、円の評価が量とリスクで決まることはまえに述べました。為替と株価がほぼ一〇〇％連動してシーソーのように動いている状態なんですね。

宮崎　八〇～九〇年代の日本市場はウォール街のミラー現象といわれ、ウォール街が上がれば日本も上がる。下がれば下がる。NYダウの終値を受けてから日本市場が開くから、影響があった。

そこに複合的に為替が入ってきたら、為替レート主導になってしまった。ドルが強まれば日本円安、すると日本の株価は上昇し、ドルが下がれば日本株下落というルールみたいな動き。なにしろ取引のほとんどは外資系がやっているわけでしょう。

渡邉　保有率の約六五％は日本人なのですが、売買の七、八割は外資なんですね。なんでこんなことが起きているかというと、コンピューターによるハイ・フリクエンシー・トレード（高頻度取引、ＨＦＴ）の影響です。たとえば人間が株価を見て、売り買いの判断をし、ボタンを押す。これに対してコンピューターは出た株価に対して即時に反応する。この時間差を利用するわけです。逆にいうとコンピューターは常に人間の判断の先を行くことができる。この時間差を利用して一円抜きを何万回、何十万回と繰り返す。たった一円の利益でも抜き続ければ膨大な額になる。このＨＦＴと日経平均トピックスなどの指数商品取引が連動してプログラムを組んでいるのです。

コンピューターの高速取引が株価の乱高下を増長する

渡邉　この仕組みがあるので、株価の為替連動は今後も続くだろうし、これが大きな問題になっているのは、中国でも起きましたが、株価暴落が起きると、常に先読みして売り続けてしまう、また反対に買い続けてしまう。為替も株価も、上がるにしろ下がるにしろ急激連動、大急変を起こしてしまうんです。

これに対する解決手段の一つが、いわゆるサーキットブレーカーとかサイドカーと呼ばれる、コンピューター取引を一時止めて、取引を全部止めることによって、「冷やし玉」を撃つというものです。HFTに対する対処買いなんですね。

宮崎　取引停止条項というのがありますね。

渡邉　よく狼狽《ろうばい》売りだとかパニック売りといいますが、パニック売りが人間の判断だけじゃなくて、コンピューターがこれを助長してしまうのです。

宮崎　いまとなっては古いというか郷愁深きことをいえば、株価というのは夢を買うのであって、その企業の将来性とか新商品の開発ぶりとか、社員の質とか、特許の数とか、それから将来の新製品のマーケッタビリティとか、そういうところを総合判断して、以前は株が動いたのに、いまはこうした根本的要因が株価とは関係がない。すっかり脇に置かれている。

渡邉　投資と投機の分類は難しいのですが、先生がおっしゃられているのは投資なのだと思います。ところがいまでは投機的取引のほうが大きくなって、金融主導型社会の本質というのはその投機の要素が多分にあるのですね。いわゆるホットマネー。

宮崎　だからジョージ・ソロスのような人がのさばるのも、そこにあるんだよね。

渡邉　そうですね。それを是としてきたのがグローバル社会であって、金融主導型社会の実態であり正体であったと。

金融主導型世界の断末魔

宮崎　インベストメントとスペキュレーションというのは、以前はきれいに分けてあって、後者の金融商品は、たとえば投資信託のリスクの高いものという前提だったでしょう。それがいまじゃ全般に入り込んできて、区別ができなくなっている。

渡邉　その典型がデリバティブ（金融派生商品）や、ＣＤＯ（債務担保証券）などのハイブリッドな複合商品です。たとえば、その一種がサブプライム関連商品だったといえるのでしょう。

ハイリスクな商品＝金利が高いですから、ハイリスクな商品ときれいな商品を混ぜ合わせて一見きれいな商品をつくるわけです。それにより、安い金利で資金調達ができるようになります。

これをみかんだと考えてみましょう。みかんがばらばらに売られている場合、腐ったみかんがあるとしたら、それだけとりはずせばいいわけです。しかし腐ったみかんを含んだみかんが大量のミカンジュースとなり、ゼリーやデザートと変化していたとすると、この場合、腐ったみかんがはいった恐れのある商品が全部無価値化する。

これに等級をつけて保証していたのが、格付け会社であり、どこにリスクがあるのかも、最終的にはあいまいになってしまった。先述したドイツ銀行はこのような商品をつくった首謀者だったわけです。

さらに、ＣＤＳ（クレジット・デフォルト・スワップ）とよばれる腐ったみかんのリスクをとる再保険までが売られた。

現在では地震やテロのリスクまでキャット債という名前で販売されています。かつて日本でも大成火災は九・一一のワールドトレードセンターのビルの再々保険を引き受けてしまったために、あえなく倒産しました。

また、大きすぎてつぶせないリスクというのもあるわけです。巨大銀行が倒産した場合、リーマンショックのように、世界の金融機関を巻き込む大混乱に導く可能性があるわけで、これを避けるには銀行を小口化して分割する必要がある。

と同時に、証券、商業銀行、保険などをきれいに分割して相互連関性を低くする必要もある。

こうした状況を本来の金融の姿に戻していかなければいけない、実体経済が金融より重視されなければいけない、というのはみんなわかっている。わかっているのですが、これを完全に切り離すというのは、非常に時間もかかるだろうし、正常化させるには大きなリスクが伴ってくる。

宮崎　だからやっぱりドカンと史上空前のクラッシュが来て、世界中の市場がいったんストップして、というようなこと以外には次の刷新は考えられないでしょう。

渡邉　前回は世界恐慌のときでした。グラス・スティーガル法ができたのもそのときです。

宮崎　トランプはグラス・スティーガル法を復活させるといっています。

渡邉　グラス・スティーガル法を復活させるといっているのも、やはり政治的な判断として必要であると。金融主導型社会を世界中がやめる、金融主導型社会＝グローバル経済であって、グローバリストと呼ばれる人たちの正体であり、これが数十年かけて中国という怪物を育ててきた。中国に入ったお金は、実体経済の技術とそうしたわけのわからない金融資金だった。

宮崎　本当に謎の資金ですよ。中国は闇の市場で、いったいなにをやっているのか、きっと想像を絶するような金融行為を展開しているのに違いない。

第二節　「人命」が日本のクビをしめる

ここまで安い世界の人命

渡邉　これは大声では指摘しにくいことなのですが、日本の一番の弱さ、弱点というのは、失うものが多すぎる、つまり良くも悪くも人命が高いということです。これはすべてにおいていえます。

対中国、韓国、北朝鮮のような外交問題、社会保障や少子高齢化対策といった、早急に手を打たなければならない日本の根本問題にしても、人命の高さがネックになっています。日本人の長所に違いがないのはいうまでもありませんが、日本の政治家にとって、日本人の人命は世界の国民に比べて何百倍も高い。中国や韓国、北朝鮮はいうにおよばず、ロシアも中東もアフリカも南米も人命に対する認識ははるかに安い。日本のスタンスは正しいことではあるが、外国に求められないのが実態で、そこに競争や対立がある場合はなおさら注意しなければなりません。

たとえば中国の高速鉄道の事故をみ見ればわかりますが、まともな現場検証もせず、不都合な事実は穴を掘って埋めてしまう。

遺体の収容をせぬまま、穴を掘って埋めたことが確認されている。

また昨年起きた天津大爆発も同様です。二六億人分の致死量といわれる青酸化合物や重金属、それ以外の有害物質が多数保管されていたにもかかわらず、その除染がまともに行われているとはまったく思えないわけです。

同様の事件が日本で起きたとすれば、政府がどう対応するか、世論がどう動くか考えればその差は歴然としています。


宮崎　いかんせん「人命は地球よりも重い」という人が首相になる国ですから。たとえば北朝鮮に対し日本の外交がこれだけ制限的なのも、ひとえに拉致《らち》問題があるからですよ。韓国など日本の一〇倍ぐらいの人たちが拉致されているけれど、それを外交のカードにもしないし、メディアが騒ぐということもない。

なにしろ日本は暴力に怯《おび》えきって「話し合い」に逃げ込む外務省と政治家が目立つ。拉致された同胞は軍の特殊部隊を派遣して奪還するのが「普通の国家」の常識です。

その点、予備役ブルーリボンの会『自衛隊幻想』（荒木和博、荒谷卓、伊藤祐靖『産経新聞出版』）がたいへん参考になります。

編者の三人は自衛隊ＯＢで「予備役ブルーリボンの会」は拉致問題解決のために立ち上がった予備自衛官の集まりです。

かたときも国防を忘れず、同時に憲法改正に向かって戦っている愛国者の猛者《もさ》ぞろい。「拉致された国民を取り返すのは国家にとって文字通り最優先されるべきことのはずですが、残念ながら日本ではそうなっていません。私たちはそれをかえなければならない」。

つまり憲法の改正、関連法の策定。そして奪還の軍事作戦の提言でもある。そのうえ、この本の目玉は、奪回軍事作戦のシミュレーションをしていることでしょう。

ちなみに小生が十数年前に書いた『拉致』（徳間文庫）も、この奪回工作、特殊部隊を日米で結成し、北朝鮮に深く潜入。収容所から日本人人質を奪還するというストーリーに核実験、北の国内のクーデターの動きなどを加味しました。

執筆者の一人、副代表を兼ねる木本あきら氏は、戦前の日本は奪回行動を実施しているとして次の実例を紹介しています。

昭和十五年に、ソ連に不法に抑留された漁民を、青森県大湊で傍受したロシア語の暗号に基づいて、駆逐艦四隻で編隊を組み、カムチャツカ半島へ向かった。駆逐艦を沖合にならべて威嚇し、三日目に日本漁船乗組員全員を奪還に成功したことがあるのです。つまり戦前のわが国は「普通の国」だったのです。日本以外の国では、これまでにも多くの奪回作戦を展開し、ソマリヤ、ルワンダ、イエーメン、中央アフリカ、アルバニア、ザイールほかで、実施しています。ザイールでも当時の日本鉱業の社員ら一九名が、フランスとべルギーの部隊に救助されたことがあり、小生も取材先でそのときの体験を聞いたことがあります。

「いやぁ、周りをゲリラに囲まれたとき、死を覚悟しました。でも自衛隊は、ここまで助けには来てくれないだろうなあという絶望が先にあったことも事実です」

海外出兵をしたことがなかったドイツですら、一九九七年のアルバニア暴動に際して、在留ドイツ人救助のためにNATOの域外にはじめて軍を派遣した。以後、アフガニスタンにもドイツ兵を派遣し、四〇名の犠牲をだしても、国際秩序維持に協力した。

ドイツはこの域外派兵のために法律を改正したのです。人質奪回作戦のなかで、いまも語り草となっているのは一九七六年七月三日から四日にかけて展開されたイスラエル特殊部隊のエンテベ空港襲撃ですが、エールフランスをハイジャックした六名の犯人を射殺もしくは捕虜として、人質にも四名の犠牲者がでたが、ほぼ全員を奪回し、これは映画にもなりました。作戦中、ただ一人、銃撃戦作戦の展開中に死んだのがネタニヤフ中佐でした。いまのイスラエル首相の実兄です。これが世界の常識ですよ。

自由・平等・人権も無視

宮崎　一方、ウズベキスタンやカザフスタンには、戦前ソ連によって強制移住させられた朝鮮族が約五〇万人いますが、日本なら必ずこの人たちの帰国運動をするところを、韓国では一切そういう動きがない。いわば棄民扱いです。これも日本なら考えられないことです。シリアでは米軍とロシア軍が空爆を行っていますが、なぜロシア軍の戦果が高いかといえば、民間人を殺傷することを厭《いと》わないからです。

中国の人権無視なんてもっと酷い。政治犯を生きたまま肝臓や膵臓《すいぞう》を取り出して、売り物にしている。人命尊重なんてもんじゃない。人肉市場があったように、人肉食べて平気ですからね。

渡邉　国際社会、先生がいうところの「ユーラシア」を見ていくうえでも、人の値段に大きな格差があることを、理解する必要があるのだということです。同様に日本政府が主張している、自由、平等、人権などの普遍的価値も日本人とかいわゆる西側世界に属する人たち、先進国の人たちにとっては非常に高いものなのですが、それを訴えている相手にとっては、二束三文である現実を知らなければなりません。

宮崎　中国にとって自由、平等、人権など意味がない。法治よりもわれわれのつくる規律のほうが重要である。人権に至っては人間に権利なんかあるのかという感じでしょう。

渡邉　自由にしても世界中で日本ほど自由な国はないですからね。それはそうでしょう、基地の威力妨害活動している、海外ではテロリストとされるような人が、普通に生活できるのですから。
アメリカだったらグアンタナモの収容所に入れるような人たちが、日本では普通に政治家をやっていたりする。SEALDsのように国会のまえであの大規模な騒音妨害、大規模な反政府デモやっていれば、中国だったらいまごろ戦車で全員轢《ひ》かれてます（笑）。ロシアだってシベリアあたりの収容所で一生暮らすことになってしまいますからね。
合法的に共産党がある国なんて、世界のなかで数少ないわけですから（笑）。

宮崎　結社の自由があるからアメリカだって台湾だって共産党はある、合法政党です。だけど議席はないよ。大量に議席を持っているのは日本だけ（笑）。

渡邉　だから自由な国なんですよ。

宮崎　自由でありすぎる。それより「自由」がいまのようなフリーダムの意味になったのは明治以後で、江戸時代の自由はほしいまま、放埒《ほうらつ》といった意味だったのです。

中国の人権侵害には黙秘するリベラルの異常

渡邉　自由、平等、人権はわれわれにとっては尊ぶべきものではあっても、この価値観を屁とも思わない人たちにそれをいって、どうなるのか。その対立が集約されたのがある意味南シナ海の問題でもあるわけです。

国際法を「紙くず」という連中を相手にしているということを、まず理解するところからはじめなくてはいけない。なにも政治家だけじゃなくて、民間も認識して動きださないと大きな間違いを犯してしまう。これまでも犯してきたし、これからも犯してしまうよと。私が日本でリベラルと称している人たちにいつも首をかしげざるをえないのは、日本国内では人権擁護を叫ぶのに、外国の、特に中国の人権犯罪とか、さまざまな不法行為に対してなに一つ声を上げない。これは異常じゃないですか。人の人権や自由を侵さないし自分のそれも侵されたくないというのがリベラルの態度であるなら、外国の人権侵害を突っ込んでこそ本物なのであって、そういうリベラルの歪みがメディアを含め日本の言論界に歴然と存在している。しかし、インターネットというものが誕生したことによって、人の為と書いて「偽」と読みますが、偽善が暴露されはじめたというのが、いまの世の中なのでしょう。

死なせないという戦後日本の価値観

宮崎　いまの話にからめていうと戦後、日本人の人生観、死生観がまるっきりかわった。つまり長生きが美徳であると。胃瘻《いろう》や植物状態の人だって、医療制度によって生かされているわけでしょう。これは本来あった日本人の人生観、死生観の逆転現象ですよ。

戦前だと命よりも大事な価値観があるということは日本人なら全員知っていたし、特攻の時代なんていうのは日本人全員が武士道のかたまりみたいなものだった。これがいま完全に逆転しているわけです。むろん人生観が逆転すれば、おのずとすべての生き方もかわってくるのが道理で、日本人全員が長生きをしよう、貯蓄をして老後に備えよう、と退嬰《たいえい》的な保守の発想になってしまった。国家予算の組み方にもそれが表れている。防衛費は一切増やさない。医療福祉を増やす。予算構造そのものも非常にいびつですよ。

渡邉　本当はこれから議論しなければいけないことを、政治家もできない状況になってしまっているというのが、大きな問題です。たとえば、先生のおっしゃられた胃瘻問題ですが、胃瘻状態で、月三〇〇万もかかる老人の方も実際いらっしゃるわけですよ。完全に植物人間なのに回復の可能性もゼロで、脳死状態。でも生きている。心臓が動いている限り、国の保険制度のもとで生かされているわけです。月三〇〇万円なら一年で三億六〇〇〇万。これだけの金額があれば何人の人が救われて、社会保障費が減って他の予算にまわせるか。

しかし、そうした議論すらできない。本来だったらどこまでを国民の保険サービスとしての対象とするか、議論するのは当たり前です。そうでなければ医療費が膨らんでいくだけで、このままいけば保険医療そのもの、高齢者医療制度そのものを崩壊させてしまう。

財源は有限であり、無尽蔵に湧き出すものではないからです。

　一部メディアをはじめとし、そういう議論すら許さない風潮が存在するわけです。こういう本質的な議論をしないと国家体として永続的に存続できなくなってしまう。少子高齢化が進むなかで、残された時間はもうないというのが、いまの日本の現状なんです。

人口減少も過剰な「人命尊重」がネック

宮崎　少子高齢化はもう危険水域ギリギリまで来ているんじゃないですか。スウェーデンではどういう議論やったんですか？　福祉予算がかなり健全化したでしょう。
渡邉　スウェーデンは基本的に延命治療がありません。ホスピスに入れて、なるべく無痛で最期を迎えられるようにする。治らないのを治そうというのは、日本だけなんですよ。
　日本ではそれがあたかも正しいことのように喧伝《けんでん》されているので、当たり前のことだととらえられている。同様な歪みが日本ではさまざまなところで起きています。
宮崎　それはよいことを聞きました。
渡邉　たとえば日本の農村部の復興・再興ができない理由もそうです。限界集落を超えて一〇人しかいない世帯があると、そこまで道を開いて、電気を通して、上下水道を維持して、生きていくうえで最低限の生活を与えなくてはいけない。たとえ一〇人しかいないとしても、インフラ維持で年間何億円もかけているわけです。この人たちが「先祖代々の土地で自分たちの生まれた家で死にたい」という限り、地方自治体の効率化など進むはずがありません。人口減少が進む地方都市を効率のいいコンパクトシティーにつくりかえる案が政府からでていますが、こういう人たちが権利を主張する限りうまくいきません。

宮崎　なるほど、やはり人命の価値のほうが高いわけですね。しかし、その人間を守る国防費は増やしちゃいけない。まったく本末転倒の風潮です。

渡邉　だからすごく矛盾しているわけです。

宮崎　それを矛盾と感じないのがいまの日本のオピニオンリーダーで、そういう人たちが多いうえに論壇を占拠しちゃっていることが、大きな問題ですね。

渡邉　自民党の今回の憲法改正案、憲法九条ばかりがクローズアップされますけど、公共の福祉と個人の財産権の問題というのもかなり手を入れています。これをやらないと本当に国民が不幸になる。

たとえば、福島をはじめとした被災地域の開発が進まないのも同じ理由で、結局個人財産権があって、個人が権利主張する限り、地域全体の開発が遅れていくわけです。よくある立ち退き問題と一緒です。これがいま日本中起きていて、もともと起きていたのをごまかしてやってきたのですが、社会的な歪みに耐えきれなくなっている。耐えきれなくなっているのに、その事実すら報じないし伝えられていないから、国民の大半がそのことを認識していない。ここにやっぱり大きな問題があって、これを改善することが日本の真の成長戦略なんだと私は思います。

宮崎　普通なら、壊滅的打撃を受けたところをもとのようにまた活性化させるのは、非常に困難です。たとえば火山もそうですね。大島の火山で被害を受けたら一万三〇〇〇人くらい東京に移ってきて、原状回復するまで全部面倒を見ている。地震もそうでしょう。つまり国土の強靭《きょうじん》化と逆のこと、生産を生まない方向のことをやっている。もちろん被災者の方々は不幸に違いありませんが、国家全体として考えた場合、余裕があるうちはまだいいですよ。けれどいまの日本は完全に余裕がない。それで拡大再生産なんていっていますが、後ろ向きの事業をやるよりも、なぜもっと拡大再生産のほうに予算を回さないのか、と不思議でしょうがありません。

日本の敵はメディア

渡邉　政治家がポピュリズムに走りすぎているということもありますが、最大の理由は、メディアが怖いからです。メディアが猛烈に叩くからですよ。

宮崎　日本の主要な敵はメディアです。

渡邉　医療問題でも胃瘻問題に触れようとした政治家をフルバッシングしたのはメディアです。麻生副総理も石破さんも石原さんもやられた。そんな言論状況では本来議論をしなくてはいけない問題を真正面から議論できない。

これは日本だけじゃなくてアメリカでも実際に起きていて、トランプの「ポリティカル・コレクトネス（政治的な正しさ）に浸っている余裕はない」がその典型で、これに対して大衆が反乱を起こしはじめている。

宮崎　アメリカで起きたことは五年後に日本で起きるらしいから、日本ではあと五年はかかるかもしれない（笑）。

渡邉　日本の場合は先を行っていたりする場合がじつはある。一巡回って先という場合もありますから。政権交代も早かった。

少子化の原因もデフレ

宮崎　日本の根幹の問題は少子高齢化をどうするかということ。

渡邉　この問題の主因もデフレにあります。企業経営者なら簡単にわかる話で、たとえば従業員一〇〇人いるとして、一〇人減ったから利益が単純に一〇人分減るわけじゃない。従業員一〇〇人でも一人当たりの付加価値が少なければ企業としては儲からない。従業員一〇人でも一人が思いっきり儲けている会社は利益がでる、という構図なんですね。デフレというのは人の値段を下げると同時に、この付加価値を奪っていく。だからデフレから脱却して一人当たりがきちんと利益をとれるようになれば、同じ税収が得られて、国体も維持できるし、経済体としても拡大は可能です。

ただし、デフレから脱却できないままに人口が減れば、経済の縮小に歯止めがかからず大きな問題になってしまう。だからこそ一人当たりの人間の付加価値を高め、デフレからの脱却が早急の問題であり、新興国のような低賃金国から輸入された安いものや人材に依存する社会をやめなくてはいけないし、国内生産を拡大しなければならない。

商店街のような店の人の顔が見えるコミュニティーが商売として成り立ち、おじちゃんおばちゃんたちがそのなかでご飯を食べていけるような社会に戻していかないと、日本はデフレから脱却もできないし、これこそが本来の成長戦略なのではないかと思います。

「ジャパニーズ・マインド」のデフレ

宮崎　デフレというのは物理的に見える問題のみならず、日本人の心のデフレがあることをわかっていなければならない。つまりジャパニーズ・マインドの縮小というのがずっと右肩下がりなわけ。それはなぜかというと結婚しない、子供生まない、結婚しても子供つくらない、つくっても一人か二人、というのも正しく「ジャパニーズ・マインドのデフレ」なんですよ。

こないだベラルーシに行ったら面白かったのは、三人子供をつくったら住宅はタダ。こういう制度があるんです。それから農業に夫婦で帰農して農業をはじめたら住宅はやっぱりタダ。ベラルーシのような国でもこんなことやってる。なぜわが国にできないのでしょうかね。

渡邉　いま農協改革というのが大きな問題になっています。私はTPPには決して賛同しませんが、確かに農協にも問題がないわけではない。農協というものが農業のための組織ではなくて、農家のための組織になっています。

たとえば農協が直接雇用を行って、サラリーマン農家を育成し、公務員のような安定した給料がもらえて、一生が保障されるようになれば、なり手はいくらでもいる。農業も工業と同じようにじゅうぶん成立する余地があると思うんですね。

こういうことをいままでやらずに、減反政策で補助金を配って、そのほうが楽だからということで甘んじてきたのが農協という組織です。本来だったら制度改革して、自給率を高めなくてはいけない。これは国家安全保障上の問題でもありますから。

サラリーマン農家というのは土地がない都市部と違い、地方に向くわけですから、地方創生にも役立つ。本来、共産主義者とか社会主義者こそが真剣に考えなければならない問題です。ところがそれがない。

農業を再生させるうえで、一番ネックとなっているのは小沢一郎が民主党政権時にやった農業の戸別補償政策です。いわゆる減反政策の復活です。これをやったがゆえに、若い農業従事者に土地を貸すよりも、自分でつくって減反コストをもらったほうが儲かるということで、土地の召し上げが起きてしまった。

宮崎　またそういうことを説いて回る農協評論家が多いのが問題で、困ったものですよ。

渡邉　これまでも、若い農業従事者たちが土地を耕して、農業やろうとした流れがないわけではありません。たとえば魚沼のように大規模農地がつくれる地域では、そういう動きがすごく強かった。付加価値があって儲かるから。ところがそれを全部既存の地主に土地を返せという話になってしまい、そうせざるをえなくなった。こんなブレた経済政策をしていたらどうしようもないわけで、国家として農業はどうあるべきか、そもそも論に立ち返って議論しなければいけない時期ですが、そうじゃないというのがやはり一番大きな問題なのだと思いますね。

宮崎　日本の場合、すべてがそうなんだよね。

与党自民党の責任

渡邉　いま起きているさまざまな日本の問題に関しては、自民党の責任が大きいと思います。目先の解決法ばかり採りすぎ、大衆迎合型でありすぎた。日本の最大の問題はここにあります。

日本でも以前は、国家の予算計画をたてるうえで、「この国をどうするか」という長期ビジョンに基づいて個別の事業計画が立てられていたことがありました。五カ年計画、一〇カ年計画がまず先にあった。

それが民主党政権のときに、五カ年計画とか一〇カ年計画をなくして、全部単年度に近い、目先の予算にかえてしまった。

これは一般会計と特別会計の違いを正しく伝えてこなかった小泉改革の弊害です。日本国憲法で義務付けられているのはすべて単年度予算です。単年度で物事を決めなければならないため、長期ビジョンにかかわる計画がつくれなかった。だからこそかつて特別会計という別腹予算が設けられ、それを貯金箱にして五年、一〇年という長期計画がつくられた。同時に決まった期間で終わる事業に関しては基金化する使い捨ての貯金箱もつくられた。この特別会計のよい部分悪い部分全部ごちゃまぜにして、特別会計＝無駄遣いと、すっかり世論が誘導されてしまった。

特別会計がないと長期計画がつくれないという本質的な問題を、おそらく国民の九五％以上の人が知らないし、学校でも教えない。政治家でさえなかには知らない人もいる。

宮崎　いや、政治家は一番知らないだろう。次がマスコミ。

その場その場で起きることをフォローしているだけ。現場の人ほど木を見て森を見ずという類になっていますからね。

渡邉　日本に未来がないとか、希望がないとかバカなことという人がいますが、政治家こそ夢を語ればいいんですよ。わが国をどういう国にしたいのか、という夢を提示して、そこから具体的な計画をたて、政策をつくるべきなのに、旧民主党のマニフェストがそうだったように、金を配る話ばかり。それに選挙民も投票してしまう。

確かに少子高齢化は問題ですが、だからこそビジョンをきちんと掲げて、夢を語る政治家が必要なのに、それがいない。夢がないものに計画はつくれないし、予算もつけれない。官僚が悪いというのも間違いで、役人をきちんとコントロールする、政治家の目標がないことに最大の問題があるんですね。

宮崎　下手に夢を語ったり、長期ビジョンを語ると票にならないから。そういう政治家は選挙で落ちるようになってしまった。

渡邉　政治家もダメだけれども、本来言論人の仕事でもあるんですけどね。

宮崎　日本に昔ながらの言論人はもういないからね。

渡邉　言論人も夢を語っても、残念ながら売り上げにならないから、出版社も出したがらない（笑）。

宮崎　本が売れないし、本を読む人間が少ないのが日本の根本問題です（笑）。

渡邉　この本の読者は買ってくださっていると信じています（笑）。よろしければ、図書館へ蔵書依頼もお願いします。

終章　グローバリズムで衰退する世界、ナショナリズムで復活する日本

グローバリズム＝反国家主義

宮崎　最後に、本書の基底にあるグローバリズム対ナショナリズムについて、話しましょう。

渡邉　グローバリズムとはなんだったのか――その本質をより理解しやすくいうと、国境なき人々、国家がない人々＝反国家主義者です。

宮崎　基本はアナーキズムですよ。

渡邉　反国家主義者と国家に税金を払いたくない人たちとは表裏一体の関係があって、両者を含めてグローバリズムになった。パナマ文書に代表されるように、国際間の課税制度の違いを利用して脱税をし、国籍を明確にしない人たちが進めていたグローバリズムが、

もともとそこに住んでいた国家主義者、国家意識を持っている人たちとの間で軋轢を生みだし、いよいよ崩壊に瀕している。ワンワールド化という世界観やグローバル・サプライチェーンという経済システムが壊れつつあるというのが、いまの状況だと思います。

アメリカのトランプやサンダース、イギリスのEU離脱がその潮流で、わが国においても保守的な人たちがどんどん出てきて、朝日新聞を中心にしたリベラルメディアへのバッシング、左翼知識人批判に向かっている。

リベラルとグローバリズムは非常に親和性が高くて、もともと共産主義のようなアナーキズム、反国家主義的な要素が強い。ナショナリズム対インターナショナリズムのはずが、いつの間にか国家という枠組みがない、グローバリズムという言葉に、国際化が入れ替えられてしまった。これがふたたび国家間の対立、あるいは協調というインターナショナルな世界に戻りつつあると、いえるのだと思います。

ナショナリズムの解釈違う日本と世界

宮崎　そもそもナショナリズムは、日本語では「愛国主義に富む人々の考え方」というニュアンスですが、国際的な認識では国権主義者といった、頑迷で偏狭な、よくないイメージで使用される。したがって、ナショナリズムはパトリオティズム＝愛国主義と名前をかえたほうがいい。するとグローバリズムを信奉する人々というのは、愛国心が非常に希薄、もしくは国を憎んでいる人ということになる。

つまり、一番ふさわしい民族はユダヤ人、それから中国人なんです。中国人の愛国主義というのはまったくの偽物で、あの人たちは所属する国を愛するということはいまだかつてあったことがない。ところが一方で、中国には共産主義という枠があるため、グローバリズムを非常に歪んだかたちで発揮しているわけです。簡単にいえば、稼げるところなら世界中どこへでもでていく。でていってしまったら戻らないというのが中国人の特性でしょう。ユダヤ人というのは住み着いた国で稼ぎますが、排斥されるから結局根なし草になって世界中に散ってしまう。自分たちの国もつくりましたが、イスラエルに戻ったよりも世界中に散らばったユダヤ人というのはその二倍ぐらいいるわけですよね。

渡邉　戻ったというか、人種・民族的には彼らは在来住民ではないので、占領したというい方もできると思います。

それはともかく、日本人がナショナリズムとパトリオティズムを混同しているのは、国と国家の違いを認識していないからだと思います。ナショナルはもともと統治という意味であることを理解していない。

日本の場合、海という国境線があるために文化・統治・言語が唯一合致する。すなわち一国家＝一民族。ところがヨーロッパでは陸続きであるため国境線は便宜的な線でしかなく、統治体である国家と民族が違うことや、多民族であることが往々にしてある。だから国家と国は違うのです。国家というのはあくまでも統治の主体。ナショナリズムという言葉の裏側には統治体としてのナショナリズムであって、先生がおっしゃる日本人のナショナリズムは共同体としての愛国主義で、両者の差異はそこに生じるのだと思います。

地政学から見れば日本に生まれないグローバリズム

宮崎　だから近代政治学でいうネーション・ステイツ（国民国家）というのは、国境のなかで引かれたその国境線の内側に所属する人々＝国民は税金を払う、そのかわり国家は国境を防衛する、治安を守るという取引関係により成立する。つまりネーション・ステイツは言語が違う、民族が違う、宗教が違う、で一向に構わない。文化的なアイデンティティは最初からない。合意事項はなにかといったら、納税と徴兵の義務だけ。

そう考えると、ヨーロッパにおいてグローバリズムというのは必然的にでてくる発想なのです。逆にいえば、日本にはこれがでてくる文化的政治的な基盤がない。ないはずなのにでてきた理由はなにかといえば、アメリカの圧力以外のなにものでもない。

渡邉　地政学から見れば、大陸国家と島国、いわゆる海洋国家というところに、もともと価値観の相違があるのに、それを一緒くたにやろうとした。と、同時にグローバリズム＝アメリカニズム、グローバルスタンダード＝アメリカンスタンダードだった。

東西冷戦構造が終わり、自由主義社会が勝ったことにより、アメリカが決めたルールにおいて、世界中を一律に動かそうとしたというのが、グローバリズムの正体であり、そのアメリカが決めたルールに則って金儲けしてきたのが、アメリカの金融機関だったわけです。だからリーマンショックによってアメリカの金融機関が弱体化したときに、グローバリズムがもたらしていたアメリカ国民へのメリットも失われてしまった。

宮崎　それが潜在的にあったのが、トランプ現象で一気に顕在化してきたということですよね。

渡邉　この図式に、先進国と新興国との関係をあえて付け加えるならば、先進国がグローバル金融によって新興国に投資をし、それを物いう株主という立場で配当と金利で巻き上げ、サービス業を拡大してきたわけです。つまり先進国は製造業を失う代わりにサービス業の拡大によって経済を成り立たせてきた。これを牽引してきたのがグローバル金融機関なのです。

ところがポンプにあたるグローバル金融機関が弱体化してしまったので、資金を吸い上げ、アメリカ国内に還元することができなくなってしまった。あとには、なぜ新興国からくる〝安い〟人材に、自分たちの雇用を奪われなくてはいけないのかという、不満だけが残った。

宮崎　自業自得、自国にブーメランが戻ってきただけの話なんですがね。

渡邉　グローバリズムの衰退とアメリカ金融の弱体化とは表裏一体であることを抑えておかなくてはなりません。

グローバリズム衰退で日本企業が復活する

宮崎　もう一ついえることは、日本とアメリカの場合、企業に対する価値観が全然違うでしょう。アメリカの場合は儲かった企業を、さらに高値で転売しても構わないという価値観ですが、日本の場合は自分たちで育てた企業は、どんなことがあっても大事に守る。六世紀から続いている金剛組を筆頭に、五〇〇年続いている日本の企業は、一八〇〇社ぐらいあるわけです。中国は一五〇年続いている企業が六社しかない。アメリカの場合はたとえ社名は同じでも創業者といまの経営者がまったく違うし、創業時の産業と全然違うことやっている。典型的なのがGEで、もともと電気会社だったのが、いまや金融会社です。

もう一つは、終身雇用、それから年功序列によって雇用の安定的確保ができ賃金の安定化、流動化というのはなかった。

渡邉　社会も安定していました。

宮崎　これは日本にとって利点だったのに、アメリカの圧力でかえてから、日本だって平気で敵対的なM&Aをやるようになったし、社員から愛社精神がなくなり、条件次第ですぐ転職する。日本的価値観の崩壊です。アメリカの価値観に日本の企業がすっかり染まってしまったというのは、取り返しのつかないことだと思いますよ。

渡邉　日本国内の企業で比較すると、パナソニックとソニーの違いですね。パナソニック自体もともと「ナショナル」という社名だったことからもわかりますが、反対にソニーはいまモノを生産する会社から完全に金融会社になってしまいました。

ソニー生命からはじまって、他企業へのライセンス（使用許諾）と。それに対してパナソニックは電気工事と電気設備をあわせて、住宅設備にまで入り込んで、住宅設備分野で生産業を拡大している。

そういうかたちでいま建材部門でも事業をすごく伸ばしています。そういう点でものづくりから離れていない会社。そうした二つの極端な例があるわけですが、グローバリズム衰退期においては、パナソニック型のビジネスモデルがふたたび見直される時期に来ているといえるかもしれません。

これは流通業においても同じことがいえます。共存共栄型ビジネスと、ダイエー型ビジネスのどちらが正しいのかという話です。ふたたび共存共栄型に戻ろうというのが、世界の潮流になるのではないかと思います。大量生産大量消費の時代で安ければいいというビジネスモデルが瓦解しつつある。世界中でナショナリズムが強まる流れにおいては、日本型のビジネスモデルが見直される。またトヨタがやってきた国際戦略です。

トヨタというのはその地域に下請けまで連れて行って、現地に生産拠点を築いて学校や公民館までつくって、運動会も一緒にやる。アメリカでもイギリスでも。このようなビジネスモデルであれば、外国企業でも地域に愛され地域に根付くのです。こういうモデルを日本企業はよりいっそう拡大しなければいけないだろうし、それが生き延びる道になると思います。

「民営化」で破壊された電力は国有化せよ

宮崎　いままでインターナショナルとナショナルというのは対立するといわれてきましたが、日本の場合は、ローカリズムを非常に大事にするわけでしょう。だから国際化のなかでも、ものづくりの企業はその精神を大事にするけれど、そうじゃないところはこれからもどんどんグローバリズムに突っ走る以外にないのではないか。たとえば野村證券がそうでしょう。いまや日本の野村證券といえるかどうか。

渡邉　野村が発祥だった大和銀行（現・りそなホールディングス）もなくなってしまいましたからね。大和銀行と大和証券はまったく関係がない。

宮崎　それからアメリカから押し付けられたいわゆる「民営化」も日本を破壊した。橋本政権の金融ビッグバンからはじまり、極め付きが小泉政権の郵政民営化。これで三公社五現業（日本国有鉄道・日本専売公社・日本電信電話公社の三公社と、郵便・国有林野・印刷・造幣・アルコール専売の各事業）で残るのはなにがある？　国有林業以外に日本には国有企業はない。

渡邉　民営化あるいは独立行政法人になりました。

宮崎　鉄道、電力、道路など本来これは国有にするべきです。民営化には日本の国力を削ぐ目的もあるからです。戦後電力を九つに分けて民営化したのはＧＨＱです。

その結果どうなったか。福島原発事故で明らかなように、「東電は金食い虫だ、ここにわれわれ国民の税金を投入するのは国の裏切り行為」といった本末転倒の論調がまかり通っている。では、電力がなかったらどうする、電気があんたの家に来なくなったらどうする。電気というのは国家事業です。民間の企業がやるには限界がある。

渡邉　電力について国民の認識をミスリードした罪は、東日本大震災時に政権を担当していた民主党の責任が大きい。

電力会社の歴史を振り返ると、スタートはどこも民間の財閥が立ち上げ、それが第二次世界大戦のときに地方行政の保有、つまり国有化ではなく公有化した。したがって、東北電力は仙台市、東電は東京都、関電は神戸市と大阪市というように、いまだに電力会社の株主に地方自治体が残っています。

一方、原子力政策は国策でやってきましたが、石油ショックが起こり、電力や資源の安定は国の根幹にかかわるものであると、世論の認識もにわかに高まりました。その前提において、石油が取れない日本という前提のなかで、原子力政策を推進してきたわけです。

原子力損害賠償法（原賠法）があります。その二条には「政府は、原子力事業者を相手方として、原子力事業者の原子力損害の賠償の責任が発生した場合において、責任保険契約その他の原子力損害を賠償するための措置によってはうめることができない原子力損害を原子力事業者が賠償することにより生ずる損失を政府が補償することを約し、原子力事業者が補償料を納付することを約する契約を締結することができる」（傍点・渡邉）とあり、三条でその一ケースとして「地震又は噴火」をあげています。

つまり、天変地異等の予想外の事故が起きた場合、国家による電力会社への補償を法律上定められていたわけではなく、あくまで「することができる」ものとして、電力会社と国家との間の信頼関係で行われてきた。ところが、それを当時の民主党政権が「そんなものは知らない」と反故《ほご》にしたため、いまの電力不安というものが生まれてしまい、日本の電力政策を大きくミスリードすることになったのです。

宮崎　安全保障上の観点が完全に抜け落ちている。二〇一一年の原発事故の前は原発の電力にしめる割合は、全体の三二％だったのが、いまでは一、二％に満たない。再稼働しようにも反対運動が起きる。

健全なナショナリズムが地方と日本を生かす

宮崎　グローバリズムとナショナリズムの話に戻すと、ナショナリズムというのは、電力のように国が民間に譲ってはいけない基幹産業という次元から、村落共同体の維持という次元まで一続きで広がっている。

駅前のシャッター通りだって、モーターライゼーションの影響もさることながら、アメリカの圧力により二〇〇〇年に「大店法」（大規模小売店舗法）の廃止、「新大店法」（大規模小売店舗立地法）を日本政府が受け入れたことにより、じいちゃん・ばあちゃんストアをみんなぶっ壊したと。これは単に商業的な問題だけじゃなくて、「じじばばストア」というのは、コミュニティにおける重要な役割があった。郵便局もそうです。それをなくせば、コミュニティそのものが崩壊するのは自明です。

渡邉　それだけじゃなくて流通が巨大化すると怖いのは、地域の小売店にものを卸していた製造業まで壊していくからです。

たとえば、地域スーパーが地元の食品会社からものを買っているのに対し、イオンのように大型店は世界中から大量輸送で調達する。コスト競争で絶対適わないから、地元の食品企業を全部つぶしてしまう。逆にいうと、この構図が過疎化を促進させる大きな要因にもなっているし、ひいては国家国体を瓦解させる大きな原因になりかねない。

宮崎　だから、政府の地方創生なんていうのは、問題の根本的な構造にちっとも言及しないで、枝葉の話に終始している。最前線で地方再生をやるべき各県の知事にも、新潟県とか鳥取県のように面妖《めんよう》なのが多いでしょ。

渡邉　したがって、むしろ「大店法」を強化して、地域シェアにおける店舗の独占性を全部禁止して、地元の資本比率を上げれば、それだけで地元の産業がふたたび潤います。その分物価が高くなるかもしれないけれど、物価が高くなれば、企業の利益となって賃金として還元される。そういうことも考えたトータル的なモデルを政府はつくっていかないと。単にシャッター通りに補助金をつけるだけではなんの解決にもならない。

宮崎　それはだいたい地方の人もわかってきていますよ。一四年に岡田前民主党代表が商店街で行った街頭演説、「見てください！　このシャッター街を！　すべて自民党のせいです！」に対し、聴衆が「ジャスコ（現・イオン）のせいだ！」（笑）とヤジを飛ばしたくらいですから。

渡邉　（笑）。それは正しい。日本だけでなく、アメリカでもそういう動きがでているし、世界中でそういう動きが起きている。これが逆にいうと、移民というか、低賃金労働者の排斥などにもつながり、それが対立やテロの要因にもなっている。

民主主義国家において、政治は選挙で決まる。選挙は豊かなものも貧しいものも平等に一票は一票です。貧しいものや不満を持つものが増えれば必然的に政治はひっくり返る。いま世界を「貧者の一票」が大きく動かしはじめている。これはアンチグローバリズムと直結する問題でもあります。「人命の価値」と「貧者の一票」、これを共有できない中国のような旧東側体制の国との対立は深まることはあっても、融和することはないですね。

宮崎　メディアはナショナリズムや国家としての日本を叩くことで躍起になってますが、どんなに否定したところで結局はそこに戻ってくる。わが国に生きているということは紛れもない事実ですから。素直にそれを認める時代がすぐそこまで来ていると思います。

あとがき――文明（グローバリズム）から文化（ナショナル）へ

本書で渡邊哲也氏とさまざまな争点で語り合ったが、中心となったのは「国際秩序」が混迷し、「乱世」に突入したという共通認識のもと、日本はいかにして生き延びるかという切迫した問題である。

いま世界で起きていることは「未知との遭遇」ではなく、「既知との遭遇」だ。

国境をなくし、自由貿易におけるモノの移動ばかりか、カネとヒトの移動も制限をしない。究極的には国家をなくすというのが欧州を覆ったグローバリズムの正体だが、この動きに反旗を挙げたのが英国のEU離脱だった。つまり国家利益と独立、主権を希釈させるグローバリズムへ強い反撃が起こり、全欧に拡がり、フランスでルペン率いる「国民戦線」が第一党をうかがう。ドイツでは「ドイツのための選択肢」がメルケルの地盤でトップに立ち、イタリアでは新党「五つ星運動」がローマ市長をおさえ、オランダで、オーストリアで保守回帰が奔流になる。

二五年前、唐突にソ連が解体したように人工国家はそれをつくった側が壊す側に回る。

つまりEUとユーロが人工の共同体と通貨である以上、いずれ壊れるとソ連崩壊を予言したエマニエル・トッドも予測しているのである。

米国では「移民排斥、中国は為替を操作しアメリカ人の雇用を奪った、メキシコ国境に壁を築け、イスラム教徒の入国を拒否しよう」とアメリカ・ファーストを唱えるトランプへの熱狂が起きた。草の根の不満を吸収し、プアホワイトのみならず反エスタブリシュメントの風潮が米国を覆った。この出発点は「われわれが九九％」といってウォール街に座り込んだ庶民の不満爆発の流れに遡及できる。

国際経済秩序も大揺れ、通貨システムに地殻変動が起きている。

ドル基軸は戦後ブレトンウッズ体制の要、世界は米国を中心に回るような仕組みをつくった。特に金本位を離れた米国はサウジと密約し原油代金のドル払いを確立し、ドル基軸を延命させてきた。その中枢にＩＭＦ・世界銀行があって、ドル基軸が機能した。

正面からの挑戦者は中国である。ＳＤＲに人民元が加入を承認され、勢いづく中国はＡＩＩＢ（アジアインフラ投資銀行）、ＢＲＩＣＳ銀行を通じて最終的な狙いはドル基軸体制を代替する人民元本位制だ。実現するかどうかはともかく、中国の覇権主義は軍事面ばかりか通貨戦争でも顕著となった。

ところが、「世界の警察官」をやめるとオバマ大統領が発言した。

真空状態となった南シナ海を掠《かす》め取った国は国際裁判所の判決がでても、あれは「紙くず」と開き直り、白昼堂々と国際秩序を侵したわけだが、反撃もできずに周辺諸国は竦《すく》んでしまった。北朝鮮では独裁三代目の暴君は核実験を続行し、北東アジアの均衡を破壊した。核の傘の下の日米安保条約が「破れ傘」であることが実証された。けれども日本政府は防衛力増強には踏み切れないでまだ国連信仰に浸っている。

世界は恐ろしい勢いで地殻変動を起こし、国際秩序があちこちで形骸《けいがい》化しているのに、米国外交もまた無力化という醜態。

ロシアの復活も重大な変化である。下院選挙で圧勝したプーチンはますます専制色を強めるが、アキレス腱《けん》は原油とガスの価格低迷である。

中国とは蜜月を演出しているにすぎず、いずれ中ロ関係は険悪化する。心理の底にある中国人への嫌悪、逆に中国人はロシアを恐れる。

中央アジア五カ国は中国につくか、ロシアにつくかで右往左往。ユーラシアの中央部も政治的激震に襲われている。

ロシアは旧ソ連構成国だった中央アジアのイスラム五カ国の離合集散には手を焼いており、完全にロシアからも離れたトルクメニスタン、そして離れつつあるタジキスタンを抱えている。特にアフガニスタン侵攻のときに前線基地だったタジキスタンはロシアへの比重を中国に乗り換え、金融やインフラ建設を依拠しており、同国への中国人の流入は一五万人を突破している。

そこでロシアはCSTOの加盟国でもあるタジキスタンの治安維持支援のため、CSTOの緊急展開部隊（二万二〇〇〇名規模）から、一部をタジキスタンへ派遣する動きを見せている。キルギスには依然としてロシア軍が駐屯しており、またプーチン構想の「グレートユーラシア」の中枢メンバーにもすえようとしている。

中国はこれらイスラム五カ国にロシアの顔色を見ながら静かに、しかし着実に浸透しつつあり、シルクロード構想を表看板として、ユーラシアのパワーゲームをしたたかに戦っている。

アセアン諸国を個別撃破してラオス、カンボジアにタイを加えて親中国家は、ベトナムのパラセル諸島へのクレームも、フィリピンのスカボロー礁をめぐる中国の侵略への抗議も公式会議の議題から外すロビィ活動を展開した。北京にスーチーを呼びつけ、スリランカへは中断した沖合人工島工事の損害賠償を引き下げるかわりにプロジェクト再開に漕《こ》ぎ着け、バングラには二〇〇億ドルを援助し、インドを脅かす。

ようやくにして全体主義をすてた旧東欧は共産主義中国を嫌うが、西欧諸国とりわけ独仏英は中国のカネを当てにしはじめており、米国の対中孤立化政策には付き合おうとしない。

　ここまで情勢が変化すると中国は米国の油断を突いてなにかを仕掛けるだろう。容易ならざる時代の扉が開いたのであり、先の見通しがきかない、混沌と混乱の極みにあるのが世界の現状である。

　本書ではこうした問題点を徹底的に、新しい情報、意外なデータを組み合わせながら討論を繰り返した。

　日本経済はいかにして立ち直るのか。

宮崎正弘識

平成二十八年晩秋

著者略歴

宮崎正弘（みやざき・まさひろ）

評論家。1946年金沢生まれ。早稲田大学中退。「日本学生新聞」編集長、雑誌『浪曼』企画室長を経て、貿易会社を経営。82年『もうひとつの資源戦争』（講談社）で論壇へ。国際政治、経済などをテーマに独自の取材で情報を解析する評論を展開。中国ウォッチャーとして知られ、全省にわたり取材活動を続けている。中国、台湾に関する著作は五冊が中国語に翻訳されている。代表作に『日本が在日米軍を買収し第七艦隊を吸収・合併する日』（ビジネス社）、『中国大分裂』（ネスコ）、『出身地で分かる中国人』（ＰＨＰ新書）など多数。最新作は『暴走する中国が世界を終わらせる』（福島香織氏との共著、ビジネス社）。

渡邉哲也（わたなべ・てつや）

作家・経済評論家。1969年生まれ。日本大学法学部経営法学科卒業。貿易会社に勤務した後、独立。複数の企業運営などに携わる。大手掲示板での欧米経済、韓国経済などの評論が話題となり、2009年、『本当はヤバイ！欧州経済』（彩図社）を出版、欧州危機を警告しベストセラーになる。内外の経済・政治情勢のリサーチや分析に定評があり、さまざまな政策立案の支援から、雑誌の企画・監修まで幅広く活動を行っている。著書に『余命半年の中国経済』『儲』（ビジネス社）、『パナマ文書』（徳間書店）など多数。

世界大地殻変動でどうなる日本経済

2016年11月25日　第１刷発行

著　者　宮崎正弘　渡邉哲也

発行者　唐津 隆

発行所　株式会社ビジネス社

〒162-0805　東京都新宿区矢来町114番地 神楽坂高橋ビル5階

電話　03(5227)1602　FAX　03(5227)1603

http://www.business-sha.co.jp

印刷・製本　大日本印刷株式会社

〈装幀〉大谷昌稔　〈本文組版〉エムアンドケイ　茂呂田剛

〈編集担当〉佐藤春生　〈営業担当〉山口健志

ISBN978-4-8284-1921-3